U0445499

书山有路勤为径,优质资源伴你行
注册世纪波学院会员,享精品图书增值服务

收入机器

数字化客户成功

Digital Customer Success

Why the Next Frontier of CS is Digital and
How You Can Leverage it to Drive Durable Growth

[美] 尼克·梅塔　凯莉·卡波特　著
　　（Nick Mehta）　（Kellie Capote）

唐兴通　译

电子工业出版社
Publishing House of Electronics Industry
北京·BEIJING

Digital Customer Success: Why the Next Frontier of CS is Digital and How You Can Leverage it to Drive Durable Growth by Nick Mehta and Kellie Capote
ISBN: 9781394205875

Copyright © 2024 by Gainsight, Inc. All rights reserved.

All Rights Reserved. This translation published under license with the original publisher John Wiley & Sons, Inc. Copies of this book sold without a Wiley sticker on the cover are unauthorized and illegal.

Simplified Chinese translation edition copyrights © 2025 by Publishing House of Electronics Industry Co., Ltd.

本书中文简体字版经由John Wiley & Sons, Inc. 授权电子工业出版社独家出版发行。未经书面许可，不得以任何方式抄袭、复制或节录本书中的任何内容。若此书出售时封面没有Wiley的标签，则此书是未经授权且非法的。

版权贸易合同登记号　图字：01-2024-3457

图书在版编目（CIP）数据

收入机器：数字化客户成功 /（美）尼克·梅塔（Nick Mehta），（美）凯莉·卡波特（Kellie Capote）著；唐兴通译. -- 北京：电子工业出版社，2025. 5.
ISBN 978-7-121-49513-7

Ⅰ. F274-39

中国国家版本馆CIP数据核字第20250UM424号

责任编辑：刘琳琳
印　　刷：涿州市京南印刷厂
装　　订：涿州市京南印刷厂
出版发行：电子工业出版社
　　　　　北京市海淀区万寿路173信箱　邮编100036
开　　本：720×1000　1/16　印张：15.25　字数：215千字
版　　次：2025年5月第1版
印　　次：2025年5月第1次印刷
定　　价：79.00元

凡所购买电子工业出版社图书有缺损问题，请向购买书店调换。若书店售缺，请与本社发行部联系，联系及邮购电话：（010）88254888，88258888。

质量投诉请发邮件至zlts@phei.com.cn，盗版侵权举报请发邮件至dbqq@phei.com.cn。

本书咨询联系方式：（010）88254199，sjb@phei.com.cn。

赞 誉

（按姓氏笔画排序）

今天，客户成功是云公司成功的关键。据我观察，在全球最大的云公司财务报表中，可预测收入常超80%。可见，企业软件公司的业务核心不在于获客，而在于如何提升现有客户体验，促其履约，增加复购。同时，老客户推荐也是获客的重要来源。客户体验数字化在AI时代尤为重要，但我国SaaS企业在这方面的表现参差不齐。很多企业在客户成功数字化方面连主动、个性化、预测三个阶段的第一阶段都未达到，甚至没有把客户成功数字化列入企业发展的优先考量中。这本书是难得的客户成功数字化入门教程，兼具理论与实操，对软件和云计算从业者，尤其是创业、投资的年轻企业家来说极具启发性。读完此书，你或许会对商业模式、企业架构、人员分配及未来战略有新思考，收获新思维、新方法与新的增长动力。

全戟坚　SAP副总裁、亚太区客户营销负责人

很高兴看到唐兴通老师能够为中国的读者带来这本客户成功数字化的重磅书籍。在这个"Everything as a Service"（万物皆服务）的时代，客户成功如何引入数字化，如何构建一个高效的客户成功体系，现实中还存在许多误区。而我从这本书中看到了非常具有指导意义的清晰的路线图，包括如何通过数字化手段提升客户体验，减少客户流失，实现可持续增长。书中丰富的案例和实用的策略也为我们在数字化时代乃至AI时代重新定义

客户成功提供了宝贵的参考。无论是对于希望优化客户关系的初创公司，还是对于寻求创新的成熟企业，我认为这本书都是不可或缺的客户成功数字化指南。

杨炯纬　卫瓴科技创始人兼CEO

在数字化时代，越来越多的企业需要把一次性生意转型成在更长的客户生命周期中通过数字化实现持续性增长的事业。唐兴通老师的译著《收入机器：数字化客户成功》给出了解决方案，让企业在数字化客户成功计划的主动、个性化和预测三个阶段都能做好客户经营。企业一线客户成功人员、对客户成功感兴趣的人士，甚至探索客户成功转型的管理者都需要阅读这本书。

徐曦　销售易副总裁、企业客户与生态伙伴部总经理

今年是我创立"崔牛会"的第十个年头，在这期间，我每年都会与众多创始人进行深入交流。客户成功这个概念真正在国内兴起大约是在2016年，经过这么多年的积累与沉淀，企业对客户成功的重视程度日益提高。当看到《收入机器：数字化客户成功》这本书时，我不禁立刻联想到刚刚落幕的中国SaaS大会，其主题为"盈利有数"。这里的"数"其中一个重要含义就是数字化，因为只有借助数字化手段，才能让客户成功的实现更具效率。我衷心期待大家能够从书中丰富的案例里获取适合自己的方法与策略，从而加速自身客户成功的数字化进程，在商业竞争中赢得更大优势。

崔强　崔牛会创始人兼CEO

在B2B领域深耕31年，目睹诸多变革，我深知将客户成功转型为利润中心对企业高质量增长与规模化盈利的关键意义，而《收入机器：数字化客户成功》这本书恰好为此提供了宝贵指引。它深入剖析了客户成功从传统模式向数字化模式的转型历程，在中国市场，这一转型正稳步推进。书中阐述的数字化战略能助力企业精准把握客户需求、优化客户体验、实现高效的客户留存与拓展，从而切实推动利润增长。其丰富的案例与实用方法为企业在数字化时代的客户成功实践提供了清晰路径，极具参考价值。

蔡勇　硅谷蓝图中国区董事总经理

译者序
AI时代，客户成功更重要

在阅读《收入机器：数字化客户成功》过程中，你会体会到，这不仅是一本探讨客户成功的书，更是一本关于如何在数字化时代实现商业持续增长的哲学指南。作为一名长期浸润于数字营销和社群经营领域的从业者，这本书触及了我过去反复思考的两个问题：**在AI技术赋能的商业环境中，人与人的关系是否还重要？企业又该如何在追求效率与规模化的同时，留住那份人性的温度？**

作者尼克·梅塔和凯莉·卡波特的答案是坚定的：数字化转型并非为了取代人，而是为了以规模化的方式实现更高层次的个性化服务。这本书让我重新审视了"客户成功"这个概念的形成过程，也让我认识到客户成功不仅是一个战术层面的动作，更是一种战略思维。它不仅关乎客户留存率的提高，还关乎企业文化的塑造；它不仅影响单一的业务部门，还决定了整个公司的核心竞争力。

我们正处在一个飞速变化的数字商业时代。技术为我们提供了前所未有的工具，从自动化流程到人工智能，从数据分析到客户旅程的精细化管理，每个环节都被赋予了数字化的能力。然而，这种能力的背后也隐藏着潜在的危机：**当企业越来越依赖技术时，是否会逐渐失去对客户的理解与共情？当自动化流程愈加普及时，是否会让客户感觉自己只是冷冰冰的"数据点"？**

本书所讨论的"数字化客户成功"恰恰直击这一痛点。作者提出了一个深刻的理念：**数字化不是要让人的角色消失，而是要让人与技术协同共生，用科技解放人的时间与精力，让人能够专注于那些真正重要的事情——理解客户、创造价值、建立信任。**

书中不少案例都让我印象深刻：某些公司通过机器学习算法，能够预测哪些客户有流失风险，并有针对性地采取干预措施。这不仅让客户感受到企业的贴心服务，还显著提升了客户留存率和净收入增长率。这样的案例在全书中随处可见，每一个都展示了如何将技术与人性化服务相结合，创造出令人惊叹的结果。

然而，这本书并不仅仅是一份技术清单，它更像一个关于企业文化与价值观的宣言。作者多次强调，**客户成功并不是一个部门的职责，而是一种需要全公司共同践行的文化。这种文化的核心是对客户目标的深刻理解，是对长期关系的投入，是对信任与成果的追求。**通过这本书，你会更加确信，未来的商业成功不再单纯依赖于销售额的增长，而是建立在客户成功的基础上。

书中提到，客户需求正在变得越来越复杂，客户不再满足于产品"用得不错"，而是希望从产品中获得切实的商业成果。而企业要想满足这种需求，就必须改变自己的思维方式：**从单纯的卖家转变为帮客户成功的伙伴，与客户共同定义目标、衡量成果、优化策略。这种转变不仅改变了企业对客户的态度，也改变了客户对企业的期望。**

此外，这本书特别强调了"以数字化为先"的战略思维。这种思维的本质是利用技术为客户提供无缝的、个性化的体验，同时保持与客户的情感连接。作者形象地将这种思维比喻成一家街角的餐馆——老板记得每位顾客的名字，服务员了解你的偏好，但这一切又是通过技术来实现的，从预约座位到支付账单，从生日祝福到个性化推荐，技术赋予了小餐馆规模化的能力，却丝毫没有损失那份人情味儿。

在阅读过程中，我反复琢磨这本书想要传递的核心思想，那就是：**数字化的最终目标不是效率，而是人性化的规模化。这是每家追求持久增长的企业都需要直面的课题，也是这个时代赋予我们的难得机遇。

翻开这本书，你会发现它不仅是一本操作手册，更像一本指南，帮助你在快速变化的商业环境中找到方向。无论你是负责战略决策的企业领导者或管理者，还是初入职场的客户经理，我相信这本书都能为你带来启发和实用的解决方案。

在最后，我想用一句话来总结这本书对我的启发："数字化的终极目标不是取代人，而是赋能人，让企业能够以更高效、更广泛的方式，将关怀与信任传递给每位客户。"

希望每位读者都能从这本书中感受到力量，帮助你为自己的客户、自己的团队，甚至自己的职业找到真正的成功之路。在这个技术改变世界的时代，愿我们每个人都能不忘初心，重拾人与人之间的真实连接。

如果你在阅读中发现译文问题或希望提出建议，甚至有意向洽谈商业合作，欢迎关注微信公众号"唐兴通"，或发送邮件至along5418@gmail.com联系。

唐兴通

于北京一然斋

序

在不断发展的软件即服务行业,我对客户成功的变革性力量有着切身体会。我相信,本书抓住了客户旅程的精髓,与我的职业生涯的核心产生了共鸣。我之前在Salesforce和Slack公司领导客户成功团队,现在担任LogicMonitor公司CEO。

我们如今所处的数字化时代不仅关乎技术,还涉及人,关乎领导者如何充分利用各种数字化工具来加强人与人的联系,并推动实现有意义的商业成果。在本书中,作者尼克·梅塔和凯莉·卡波特深入探讨了这一点,强调企业通过将客户成功作为可扩展的数字化客户体验的核心来实现蓬勃发展。

在从客户成功经理直至CEO的职业生涯中,我了解到,可持续增长的关键在于理解和满足客户的需求。本书响应了这种观点,并且提出了深刻的见解与明智的策略,帮助希望在当代由客户主导的商业环境中脱颖而出的所有人实现目标。

在本书中,我发现最吸引读者的地方在于它采用的数字化客户成功的实用方法。本书是基于客户成功从业者的实际经验编写的一部实用指南。对于两位作者以及客户成功社群的思想领袖遇到的许多挑战,我也遇到过,通过总结和吸取他们的经验和教训,读者将收获一张蓝图,帮助自己在数字化时代顺利航行,而且一马当先,成为领军者。

翻开本书,你会发现将客户成功作为增长战略的核心不仅是一个好实践，还是企业迫切需要做的事情。本书将为你提供一些工具和知识来改造你的组织，确保你在客户成功领域的旅程和我曾经历的事情一样有影响力，并产生回报。

无论是对于一位崭露头角的客户成功经理，还是对于一位经验丰富的CEO，本书好比一把钥匙，帮助你发掘企业在客户成功领域的潜力，也释放你在该领域的全部潜力。我在人生道路上坚持不懈地追求以客户为中心的创新，本书为和我做着同样事情的其他人提供了路线图。

克里斯蒂娜·科斯莫斯基（Christina Kosmowski）

LogicMonitor公司CEO

目 录

第1章　客户成功的飞速发展　/ 001

第2章　点燃长期成功的可持续商业战略　/ 021

第3章　数字化客户成功是战略计划　/ 039

第4章　数字化客户成功的成熟模式　/ 059

第5章　启动数字化客户成功计划的主动阶段　/ 078

第6章　发展到个性化阶段　/ 102

第7章　发展到预测阶段　/ 122

第8章　推出你的第一项数字化行动举措　/ 143

第9章　全公司数字化计划的管理和跨部门合作　/ 171

第10章　优化你的数字化工具包　/ 193

第11章　朝着更加人性化的方向前进　/ 216

致谢　/ 226

术语表　/ 228

第1章

客户成功
的飞速发展

假如在某个星期五晚上,你来到你最喜欢的街角餐馆。当你走进去时,老板就喊出了你的名字,并热情地和你打招呼,把你领到精心挑选的桌子前。然后,一位熟悉的侍者露出微笑,你像往常一样告诉他,不必向你推荐餐馆的特色菜。你会喝一杯你最喜欢的葡萄酒。

现在的这种场景,对你来说才是生活的意义。吸引你的不仅仅是餐馆里的饭菜,尽管饭菜很美味,也不仅仅是里面的氛围及你喜欢的窗外的景色。真正让你每周都来,而且年复一年从不间断来的原因是餐馆的个性化贴心服务,这种服务由那些看上去真正关心你的人提供,带给你美妙的体验。

在当今这个越发缺少人情味的世界,人工智能(Artificial Intelligence,AI)会告诉你"买了黑皮诺葡萄酒的人也买了卡门培尔奶酪和苏打饼干",而所谓的与客户服务人员"交谈",其实是在和聊天机器人的决策树互动。在这样的世界里,你渴望获得个性化的体验,想去一个"人人都知道你的名字,总是很高兴你能来"的地方,这又有什么错呢?如果有选择的话,我们不是都希望人们把我们当成独立的个体而不是数据集的一分子来对待吗?

在Gainsight公司,我们的宗旨是"在以人为本的前提下决胜商场"。人们很容易忘记,视频会议另一端的那个人不仅仅是一名求职者、员工、校友、潜在客户、客户或投资者——他们首先是人。我们需要永远记住这一点。但这给软件即服务(Software-as-a-Service,SaaS)行业及其他领域的每家公司提出了一个看似棘手的问题:如何扩展以人为本的客户体验?

你最喜欢的餐馆之所以能够提供个性化的服务,是因为他们的员工每天晚上都在同一地点工作,为不多的常客服务。对每家技术型初创公司而言,同样也是这种情况。在创立初期,许多公司创始人可以与每一位客户交谈。我记得一位知名的创始人说过:"我把我的笔记本电脑带到客户那里,观察他们的工作,编写他们想要的代码。"但是,一旦餐馆老板或者创始人想扩大规模,个性化的体验通常就会被抛弃,取而代之的是更高效——也更加没有人情味——的体验。

作为领导者，我们意识到必须扩大公司的规模，而这么做的方法之一是引进自动化系统和流程。但是，我们在扩大规模的时候，难道必须丢掉人性化的一面吗？难道不把客户当成无可替代的齿轮来对待，我们就无法找到高效扩展的方法吗？我们能否不借助自动化系统和流程找到提升客户体验的方法？

人性化与数字化的困境

在餐馆的例子中，上面这些问题的答案是肯定的，但有所保留。虽然很多人不愿意去一家只能和机器人服务员互动而不是与真人服务员互动的餐馆，但大多数人喜欢在网上预订座位，用手机付款，并且会提前联系餐馆，让餐馆知道其即将在那里举办特殊的庆祝活动，这样的话，餐馆就可以为其制造一点惊喜。事实上，在人们看来，数字化的能力可能是以人为本的客户服务和以数字为先的客户服务的结合。一方面，人们会继续乐享伴随着人际交往而来的社交和心理方面的好处；另一方面，数字化技术使人们可以更快地摆脱令人不愉快的体验。

我们说"答案是肯定的，但有所保留"是有充分的理由的。在餐馆中，客户旅程的绝大部分不容易被扩展——如果能够扩展的话。例如，尽管有些客户也许很高兴使用数字化技术来订餐和付款，但其他客户可能更喜欢不提前订座位，而是直接来到服务台，并且在用完餐后到收银台付款。要同时满足这两个群体的需求，餐馆就得继续雇用收银员或接待员，虽然这增加了人工成本。同时，有的客户想吃自助餐，除非老板愿意安排，否则这些客户就不得不去别的餐馆了。

我们为什么要在一本讲述客户成功的书里谈论餐馆呢？这是因为许多软件即服务公司和客户成功（Customer Success，CS）组织面临使用数字化手段高效、大规模地为客户提供以人为本的个性化体验的困境，它们难以从这种困境中走出来，而餐馆是个很好的类比对象。

一些B2C（Business-to-Consumer）电子商务零售商，如亚马逊（Amazon）和声田（Spotify）等，交易速度快，便利性高，同时还能无缝衔接。受此影响，B2B（Business-to-Business）客户在从像这样的公司购买产品或服务时，越来越多地提出更快、更无缝、更具有个性化体验的要求。但是，无论你多么希望实现客户对"B2C体验"的愿望，说起来容易，做起来难。

与在亚马逊上一次性购买书籍和12包7号电池不同，复杂的B2B软件即服务产品要求你和客户都投入大量的资源引领新客户。你希望引领客户的过程能够使产品被广泛采用，从而帮助客户实现他们期望的商业成果。如果客户既拥有愉快的体验，又实现了他们期望的成果，那么你就成功了。你将一次性的购买转变成了长期订购，后者将在未来几年为你的公司带来持续的收入。

将一次性购买者转变成长期的客户，即从你那里购买更多产品和服务并且会为你代言的客户，是每一个客户成功组织的"最高指令"。

现在来看看困境。

如今，大多数客户成功组织及客户成功经理（Customer Success Manager，CSM）要么没有做好心理准备，要么不具备相应的设施，来为客户提供其想要的个性化体验，退一万步讲，至少不能以一种节约成本的可扩展的方式来为客户提供这种体验。

大多数软件即服务公司虽然可以使用一些技术（如一些新的和不断涌现的数字化技术）来实现这个目标，但它们依然会陷入困境。它们被困在客户成功系统与流程之间的迷离境界（Twilight Zone），相关流程要么是完全自动化的、没有人情味的，要么完全由人主导，而且不可扩展。

二者绝不合拍。

事实上，有些客户成功经理套用俄国文豪列夫·托尔斯泰在巨著《安娜·卡列尼娜》（Anna Karenina）中所写的，坚持认为"满意的客户全都相似，不满意的客户却各有各的不满"，所以，数字化客户成功（Digital Customer Success）本身是一个矛盾的词语。在软件即服务公司看来，它们要么选择与客户进行机器人式的、非人性化的互动，即所谓的"高科技接触"方法；要么采用严格由人主导的互动，即所谓的"高感性接触"方法。然而，由于每位客户和利益相关者都是独特的，没有哪个"机器人"可以为当代客户提供他们渴望的个性化的客户成功互动。

用例阐述到此结束。

别介意，并不是每位客户时时刻刻都在寻求获得以人为本的体验，或者时时刻刻都在寻求以数字为先的体验。和我们假设的小餐馆的顾客一样，你的大多数客户在某些时刻寻求与人交互，在另一些时刻则寻求进行数字化互动。因此，《安娜·卡列尼娜》中提出的争论，是一个稻草人谬误[1]。人性化与数字化的困境不能用非此即彼的思维来解决。只有利用技术，为所有客户设计将数字化和人性化的互动最佳结合的客户成功运动，才能解决这个困境。

过去10年里，技术有了长足的发展。正因如此，如今我们知道，我们可以考虑第三种客户成功模式——借助以数字为先的方法来提供个性化的以人为本的体验。出于这个原因，我们相信，说到以数字为先的客户体验，当前的每一家公司都不应当再考虑是不是必须提供了（这已不言自明），而应当考虑该怎样提供。但在深入阐述这个主题之前，让我们简要回顾我们是怎样抵达当前的十字路口的，这个十字路口也就是以人为本和以数字为先的增长与盈利方法的十字路口。

我们如何抵达这里

---

[1] 稻草人谬误（Straw Man Argument）是指双方在争论时曲解对方的论点，针对曲解后的论点进行攻击，再宣称已推翻对方论点的论证方式。——译者注

从软件即服务行业产生之日起，或许就不可避免地会出现客户成功这个词（或者与之类似的词）。只要客户能够购买和使用新的软件即服务解决方案，而不必从一开始就跟大把的前期投资挥手告别，那么我们就迈入了经济史的第三个时代。

正如尼克在《客户成功经济》（*The Customer Success Economy*）一书中论证的那样，第一个时代是"造东西"的时代，自工业革命就开始了。第二个时代是"卖东西"的时代，在互联网诞生使全球化销售成为可能后，就被彻底打乱并加速发展了。1900—2000年，制造和销售产品是绝大多数大型跨国公司的主要商业模式，而且推动全球经济向前发展。销售是一次性的活动，任何"售后"服务都意味着公司要付出成本。

如今我们身处第三个时代。尽管仍然需要"造东西"和"卖东西"，但这已经不够了。在现代经济中，客户都在追求成功，寻求实现自己的目标，不再满足于购买产品或服务。因此，今天，对许多制造商和销售商来说，帮助客户实现目标势在必行。

这种聚焦客户期望的商业成果的全新理念，恰恰是客户成功这个行业得以产生的原因。随着各公司关注的内容从一次性的销售和永久的许可协议转向软件即服务、订阅以及云计算等经常性收入模式，卖家和买家之间的力量几乎在一夜之间就从卖家转向买家。客户不再将自己与产品的供应商绑定起来，因为技术的发展改变了与客户相关的软件的类别。他们有其他选择了。他们可以购买其他公司的产品或服务，而且转换成本降低了。他们成了软件即服务这个"太阳系"的核心。

总的来讲，客户的期望越高，权力越大，留住他们就越难。（此外，随着软件即服务产品变得越来越复杂，假如客户没有获得适当的指导或者持续的咨询与支持，他们可能感到沮丧，从而降低对产品或服务的采用率、使用率，这加剧了客户的流失。）

今天，客户不仅要求"满意"和"拥有美好的体验"，还想实现自己的目标，而且希望你能一直帮助他们，即使那些目标已然随着时间的推移而改变。结果，卖家和买家的互动已经在很大程度上从有关交易的互动转变成相互扶持的长期旅程。为了确保这段旅程持续的时间不至于比你从自家客厅走到厨房的时间还短，你必须从战略的角度来培育与每个人的关系，以确保实现客户的商业成果。

由于客户已经改变了对软件供应商的看法，因此如果你想留住他们，就必须改变你的行为。你要确保他们真的在使用从你这里买回去的产品，获得了想要的价值，并且确保向客户提供了他们想要的服务。另外，你一定要找机会来深化与客户的关系。

实现这些目标，就是客户成功这个行业得以发展的原因。

在Gainsight公司，我们将客户成功定义为：通过聚焦客户的方法来实现企业的发展。我们坚定地认为，企业将时间、金钱和精力全部投入对新客户的获取上是错误的。仅仅聚焦销售，不能为你带来渴望的长期成果。要实现可持续的增长和盈利，你必须着眼于留住现有的客户，更多地向他们销售你的产品或服务，并且将他们转变成极度忠诚的品牌代言人。达到所有这些目标的秘诀是保证客户对你已经承诺并兑现的事情感到满意。为了实现这个目标，你的公司中的每一位员工都必须齐心协力地做到以下几点。

- 将客户的需求放在所有事情的核心地位，这涉及公司的产品路线图。
- 培育健康和卓有成效的客户关系。
- 提供具有吸引力的客户体验。
- 致力于符合客户的期望。
- 确定一些指标来追踪、测量客户通过使用你的产品实现其期望的商业成果的进展情况。

从防止客户流失到增加营业收入

仅仅10年前，如果你在科技公司创始人、高管或者投资者面前提到"客户成功"这个词，迎接你的也许是他们充满疑惑的目光。2013年，当我们创办Gainsight公司时，只有几十家早期的软件即服务公司从事客户成功业务，就算把全世界所有的客户成功经理都聚集到一起，只需一架波音747飞机便可装下。

从那时候起，客户成功经理的数量从不到500人增长至如今的25万人。到今天为止，95%的高增长公司都明确定义了客户成功，或者拥有了客户成功部门。这些公司中的大多数并不只是把几个人塞到一个临时的呼叫中心，在口头上支持客户成功了事。它们招聘了数百名业务熟练的客户成功专业人员来扩大业务规模，提高了客户的净留存率，加快了客户拓展的速度，并使越来越多的客户为它们代言，希望通过这些措施增加总收入留存（Gross Revenue Retention，GRR）和净收入留存（Net Revenue Retention，NRR）。

虽然许多软件即服务公司一度难以理解客户成功为何如此重要，对"为什么这也算一件事情"将信将疑，但现在，大多数公司明白了这个问题。正如研究型咨询公司高德纳（Gartner）最近在报告中指出的那样，很多公司理解了：

客户成功管理是拥有经常性收入的组织的一个至关重要的部门……客户成功管理计划已成为企业的赋能因子……鼓励客户保持与组织的互动，并通过订阅模式，增加产品对客户的终身价值。

佛瑞斯特研究公司（Forrester Research）总结道：精心设计的客户成功计划能够提高客户留存率，增加交叉销售[1]和向上销售[2]的机会，提高新

---

[1] 交叉销售（Cross-sell）是指在销售某种产品或服务时，向客户推荐与该产品或服务相关或互补的其他产品或服务，以提高销售额的做法。——译者注

[2] 向上销售（Up-sell）是一种销售策略，通过推荐更高级、更昂贵的产品或服务来增加客户的购买额。——译者注

客户的转化率，降低客户支持的成本，借此在三年之内产生高达91%的投资回报。

在过去10年里，许多软件即服务公司已经回答了关于客户成功的一些基本问题：客户成功到底指的是什么？你需要哪些类型的员工来做这项工作？为了推出有效的客户成功计划，你还应集中哪些资源、技术和流程？如果某家公司直到今天还在围绕客户成功提出"为什么要做"或者"它到底是什么"的问题，那就说明它已经过时了。今天，大多数软件即服务公司在重点关注"怎么做"的问题，例如：

- 我怎么扩展客户成功？
- 我怎么运营客户成功部门？
- 我如何测量客户成功的业绩？
- 我怎么优化对客户成功的扩展？

这种转变，即从提出"为什么"和"是什么"的问题转变成提出"怎么做"的问题，彰显了客户成功正以惊人的速度变得成熟。在10年时间里，客户成功已从一个纯粹被动的部门（从业者通常依赖直觉和基于假设的最佳实践）发展为一个越来越主动的、咨询式的、战略性的和数据驱动的学科，成为成千上万家公司取得成功的根本所在。

客户成功工作人员从响应客户的帮助请求以及处理故障工单的呼叫中心员工，发展为与客户主动合作的客户成功经理，与销售、产品、信息技术（以及更多其他）部门密切合作，以设计、执行、测量和监测客户旅程，使客户在最短时间内产生可能的最大价值。客户成功部门已经从一个着重于（通过促进产品采用、解决客户投诉和转发新功能请求）降低客户流失率的部门，转变为一个负责（通过确保每个客户借助产品实现商业目标）增加收入的部门。

10年前，客户成功团队相当于一个小型"灭火队"，队员负责对有风险的客户进行临时的"紧急救援"。

今天，由于配备了新的数字化工具，采用由数据主导的方法，最优秀的客户成功团队是有目的的、主动的、战略性的、预测性的，追踪与观察领先指标和滞后结果，以提高收入留存率，推动收入增长。

客户成功已成为全公司的当务之急

客户成功已发展到一定地步的一个标志是，软件即服务公司的高管、投资者、咨询师越来越认识到客户成功是全公司的当务之急——公司开展业务的核心概念。客户成功团队作为一个孤立无援的部门来运营，"做一些事情"来防止客户流失到竞争对手那里的日子已经一去不复返了。近年来，业界广泛地将客户成功视为整个公司的战略支柱，这是一种将以客户为中心的思维模式转变为持久增长引擎的方法。各公司逐渐意识到，公司一切事务都要以客户为中心，因为在订阅模式中，你要不断地赢得客户的业务，否则就会失去客户。

这种新形成的认知和新达成的一致认可的结果是，即使在不利的商业环境中，许多公司也对客户成功表现出信心，并且在这个领域中进行了投资。根据贝恩公司（Bain & Company）在2023年开展的一项调查（获得贝恩公司许可使用），得到以下结论。

- 虽然客户成功组织在2022年和2023年年初面临削减预算的压力，增速放缓，但客户成功组织裁员的幅度和整个公司的裁员幅度一致或者更低。事实上，75%的接受调查的公司的客户成功部门的员工在公司总员工中所占的份额有所增加，或者至少保持不变。
- 如今，大多数公司将客户成功视为净收入来源，而不再将其视为成本产生中心。不足为奇的是，认为客户成功是成本产生中心的公司（30%）比认为客户成功是净收入来源的公司（15%），更有可能削减客户成功的经费。
- 将客户成功货币化的做法在各公司中越来越受欢迎。30%的接受调查的公司提供了付费的客户成功服务，另有20%的公司可能在未来三年里引入付费服务。在目前提供免费客户成功服务的公司中，有35%的公司希望在短期内开始收费。

体现客户成功日益受到重视和尊重的另一个迹象是，各公司首席客户官（Chief Customer Officer，CCO）在最近几年内升任CEO的人数逐渐增加，其中包括Hubspot公司CEO雅米尼·兰根（Yamini Rangan）和LogicMonitor公司CEO克里斯蒂娜·科斯莫斯基。

逃脱灰暗地带

这把我们带回到一个灰暗地带，当今的许多软件即服务公司发现，它们正处在介于完全自动化与完全由人主导的客户成功之间的灰暗地带。

为什么你应当小心，尽量不让自己陷入这个灰暗地带呢？为什么要切换到第三种模式，通过数字化优先的方法来为客户提供个性化的、带有人情味的体验呢？

你之所以应当小心，是因为在软件即服务业界最近出现的麻烦之后，高管和投资者已得出结论，认为可持续的业务增长才是长期成功的关键。那么，公司哪个部门最适合充当持续增长的引擎呢？鉴于客户成功部门在提升客户留存率、助推客户拓展及客户代言等方面的闪亮业绩，这个部门就是客户成功部门。运行良好的客户成功组织，也是高效的、可扩展的、主动的、数据驱动的客户成功组织，可以成为为公司带来源源不断的收入的机器。

但是有一个问题。如今，能够符合高效的、可扩展的、主动的和数据驱动的标准的客户成功组织还相对较少。尽管许多公司正在尝试引入一些数字化工具和策略，但大多数公司采取一种临时的方法：充分利用各种工具，并设法整合有益的数据，因为在当前的条件下，数据是孤立的、分散在公司多个部门之中。结果呢？其导致与客户的体验脱节，与客户的交流重叠，并且整个公司呈现低效率状态。

毫不奇怪，面对这些未能协调一致的体验，客户一定会感到沮丧。通常情况下，为客户服务的员工也会感到沮丧，因为他们无法为客户提供其承诺的卓越体验。他们想做得很好，但由于当前的系统是手动的，而且（通常）并不是为手头的任务专门设计的，因此他们感到力不从心。这样一来，你的员工感到沮丧，你的客户感到沮丧，你的投资者也感到沮丧。

阻碍各公司从灰暗地带逃离的另一个障碍是，某些客户成功团队难以从防御战略（特别是那些基于直觉和假设的最佳实践的战略）转向进攻战略（与先进的分析技术相结合的战略）。坦白地讲，客户成功团队的领导者需要加快把模糊的、手动的关系管理实践转变为科学的、数据驱动的和工业化的实践，这些实践易于复制且可扩展。在这种转变上先行一步的客户成功从业者已经在数据分析方面取得亮眼的成绩。

例如，某供应商使用特征发现算法扫描了数百个变量，发现其中一个单一的指标（客户存储利用情况的三个月移动平均值）非常准确地预测了哪些用户将在六个月内中断对服务的使用。另一家供应商使用机器学习技术挖掘了客户数据，识别出客户最有可能进行购买的子细分市场，并且创建了一个触发器，在客户进入这一市场时发出提醒。通过将这些洞见整合到客户成功的业务之中，供应商加强了与客户的互动，最终使销量增长了5%。

对于客户成功领导者来说，这好比是一块"福地"——能够表明你的团队具有战略思维，并且由指标驱动；证明你不仅仅是被动反应的救火队员，还是在客户的价值旅程中前行的领航员。你在引导他们续约、扩张，并将他们转化为代言人，帮助你引入新的客户。你可以通过将团队活动与领先指标和滞后结果联系起来，向高管层及销售、营销和产品团队的同事们证明，客户成功是有价值的。

长期以来，客户成功领导者没有像负责营收的其他领导者那样，使用基于指标的业务追踪来证明自己的行为是合理的，也没有讲好关于自己卓越工作成绩的故事。

这需要改变。

客户成功再也不能模糊不清了。作为业务的增长引擎，它再也不能仅仅依赖建立关系的技巧、客户的情绪及凭空的猜测了。客户成功必须工业化，像销售和营销等部门那样具有同样的操作严谨性和可预测性。

Peloton 公司的范例

由于B2B消费者的偏好受到他们B2C体验的驱动，因此我们一直在寻找一种B2C的模型，它优化了数字化与人性化的组合，以满足或超越软件即服务客户不断提高的期望。我们碰巧发现了这样一个模型。乍看上去，它的外形好比一辆加强版的健身自行车。

Peloton公司以及像它一样的其他数字化健身公司已经改变了数百万人的锻炼方式。作为一位极为业余的Peloton自行车骑手，尼克亲眼见证了这家公司是如何改变健身行业的。无论他是选择与鼓舞人心的骑友一同骑行，还是选择与风趣的科迪·里格斯比（Cody Rigsby）一道骑行，Peloton公司已经使尼克个人的日常健身活动发生了革命性的变化。它还改变了我们两个人对客户成功的看法。

在Peloton这样的公司诞生以前，人们是怎样健身的？好像只有两个类别。那些高度自律的人每天清晨5点起床，径直到健身房开始他们一天的锻炼。他们不需要教练，也无须他人鼓励。他们抓住每一天的机会锻炼身体。

有些人可以灵活安排自己的生活，也有钱聘请私人教练。教练可以指导他们；根据他们的体型、生活方式和健身目标制订一个锻炼计划，并且激励他们每周都坚持下去。

不过，Peloton公司发现，数百万名健身者并不完全符合这两个类别中的任何一个，他们：

- 想锻炼，但需要他人的鼓励。
- 想要教练的指导，但没有时间或资源聘请一对一的私人教练。
- 想在自己家里锻炼，但又不想感到孤单。

在许多方面，客户成功也源于这样的二分法。在旧的商业模式中，你拥有两类客户。对于较大规模的客户，你会为他们做任何事，包括定制软件。你就好比他们私人的"软件培训师"。然后，你还有一些较小规模的客户。无论他们是不是受到激励"去健身房"（使用你的软件），他们依然会向你付费，所以一切都很好。此外，许多软件即服务公司为它们的大客户提供高感性接触的客户成功体验，同时为他们的小客户提供完全数字化的体验。但这种方法已经不再奏效。越来越多获得高感性接触体验的客户希望部分体验是数字化的，而许多小客户则希望部分体验是高感性接触的。展望未来，你需要在大客户和小客户层面更加灵活地用好你的细分策略。

数字化客户成功涉及使用流程和技术以更好地服务所有客户。Peloton公司通过一对多的"健身成功"服务客户，这充分利用了世界上最好的"客户成功经理"（在这个例子中是"健身成功经理"）。这些专家是鼓舞人心的。他们激励客户。你想象不到有比他们更好的私人教练了——大多数人无法一对一地接触到他们。

那么，Peloton公司到底做了些什么？它找到了将这些私人教练介绍给数百万名健身者的方法。尽管Peloton公司的硬件（一辆带有精美屏幕的、联网的自行车）是一件商品，但Peloton公司打造了一个具有个性化选择和日程安排（以及更多其他内容）的软件平台，将正确的"健身成功经理"与正确的客户联系起来。

同样，现代客户成功不再仅仅为你的最大客户提供高感性接触的客户成功管理了。领先的客户成功组织正在推出规模化或数字化的举措，它们与下面这些策略结合起来。

- 自动化报告、季度业务审查平台、电子邮件等日常任务，使客户成功经理能够服务更多的客户。
- 通过基于客户行为的数字化优先的程序，创建虚拟的客户成功经理。
- 组建集中的客户成功经理团队，不将他们分配给特定的客户，而是根据风险或机会的触发器及时进行干预。

Peloton公司还创造了个性化的产品体验。这家公司的"天才们"意识到，人们并不总是按照教练的要求去做。因此，有时候你需要鼓励他们。但教练不可能与每位骑行者一对一地交流，因此，Peloton公司利用个性化定制的优势，激励人们朝着实现目标的方向奋进，比如，留意你什么时候骑行并抵达了某个里程碑，且根据你的兴趣进行推荐。Peloton公司追踪了你所有的习惯，并使用这些数据确保你继续取得进步，且使你继续与平台互动。

最后，Peloton公司创建了一个社群。虽然你可能在骑行时孤身一人，但绝不会感到孤单。你可以加入话题群组，参与排行榜竞争，并且相互击掌以示庆祝。这让你觉得是和很多人一起在骑行。

客户成功重塑自我的时机已经来临

现在，客户成功采用类似于Peloton公司的方法来重塑自身的时机已经来临。这种方法将采用以数字为先和以人为本相结合的客户管理策略和用例，以提高客户成功运营的有效性、效率和可扩展性。

软件即服务公司早已探索和采用新方法来提供更加高效、可扩展性更强的客户成功服务。这些新方法包括使用应用程序内的指南引领新客户、发布攻略以帮助客户试用新功能，以及进行调查以获取客户的反馈，等等。所有这些都是为了根据客户行为的数据来改进客户体验并使之个性化。我们正在取得进步，但仍需加快速度。

为了做到这一点，公司和客户成功组织必须首先认识到，并不是每一位客户都时刻在寻求获得人性化的接触。你必须明白，在供应商—客户关系中的任何点，客户可能想和真人交谈，或者相反，更喜欢自助服务，不喜欢和真人交谈。他们也许想通过电子邮件来接收内容，或者，他们可能更喜欢选择演示。假如你是一位新客户，也许希望不论何时都能与客户成功经理交谈，但随着你的经验越来越丰富，在大多数时候，你也许更喜欢数字化的学习旅程。没错，每位客户都有不同的行事方式，但这并不是严格地采用以人为本的客户成功方法的好理由。恰好相反，这进一步证明了将人性化方法与数字化方法结合的好处。毕竟，通往山顶的路不止一条，数字化客户成功使你能够向客户展示每一条路，然后，让他们选择走哪一条。

传统的数字化客户成功模式将市场细分成大客户和小客户。大客户得到的是高感性接触，小客户得到的则是高科技接触——一对多的电子邮件（参见图1.1）。

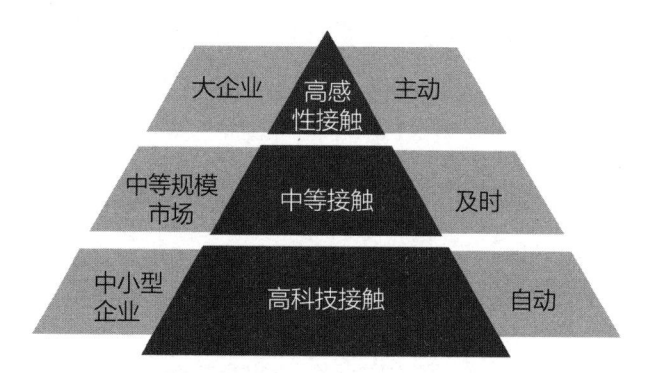

图1.1 在传统的数字化客户成功模式中，大客户会获得高感性接触，而小客户会获得高科技接触

如果说这种方法曾经正确的话，那么现在已经不再正确了。正确的方法是优化客户体验以及提升客户立即实现期望的商业成果的能力。未来，我们相信许多客户的旅程看起来会像图1.2那样。

数字化方法支持动态的市场细分

由数字化方法主导，以人性化方法为辅

你的客户怎样和你互动

数字化客户成功，一对全部
智能自助服务

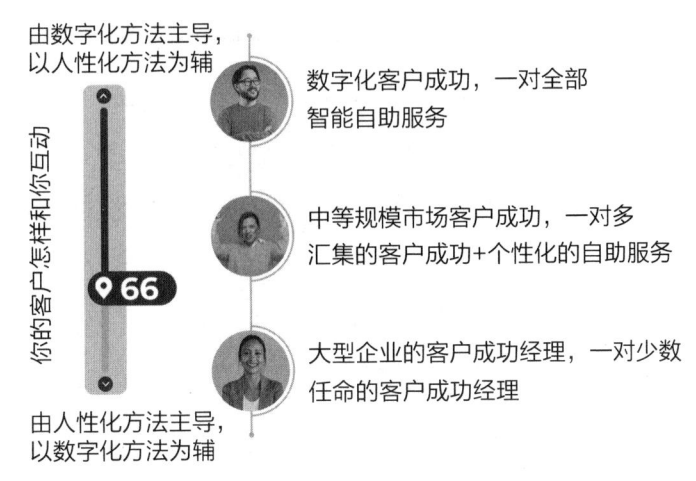

中等规模市场客户成功，一对多
汇集的客户成功+个性化的自助服务

大型企业的客户成功经理，一对少数
任命的客户成功经理

由人性化方法主导，以数字化方法为辅

图1.2　新的数字化客户成功模式通过将由人性化主导的方法和由数字化主导的方法结合起来优化每位客户的体验

当然，这一旅程首先从一封欢迎你的电子邮件开始，当用户首次登录时，他们将看到一份关于如何使用产品的应用程序内的指南。指南引导他们完成安装的各个步骤，而且，由于产品团队注意到了客户正在做什么，因此可以向客户推荐他们将来想要进行的操作。例如，产品团队可能观察到客户启动了某项特定功能，对此，其将向客户发送一封关于该功能的电子邮件以作为回应。接下来，产品团队可能注意到，客户当前正在重点关注如何创造更多的收入——对此，团队将发送更多关于怎样实现该目标的内容。其很可能还会邀请客户与你的社群平台上的其他客户联系。这将使他们能够相互分享经验，从其他客户那里学会怎样创造更多的收入。

几个星期后，通过数字化方法，你可能注意到，客户不再使用你的产品了。是不是他们感到困惑了？沮丧了？正想抛弃你的产品？你得重新引领他们，所以，客户成功经理要与客户联系，了解问题出在哪里。一旦解决了问题，客户就会再度使用你的产品，便会自动发出一封"欢迎回来"的邮件。到下个月，客户可能收到一个信息图表，展示他们重新使用该产品后产生的所有收入，并附有这样一句话："恭喜你！干得漂亮！你在用我们的产品做对的事情！"

对于使用声田的使用者来说，这一旅程可能看起来比较熟悉。声田是一个音乐应用程序，作为它的客户，你会收到个性化的推荐歌曲列表，你可以将这个列表分享给朋友和家人。声田还会生成个性化的播放列表，告诉你在过去一年听过什么歌曲，其中包括你最喜欢的歌曲。声田似乎很懂你这个人。

考虑一下前面的情景对客户成功经理意味着什么。由于数字化客户成功的强大功能，客户成功经理不用再在Zoom软件上耗费数小时来培训客户如何使用产品。他们也不必向客户发送指南，指导其设置软件，或者（稍后）因为客户还没有登录而催促他们使用软件。相反，客户成功经理可以与客户进行电话沟通，重点谈论如何追求更高价值等话题。"你接下来的目标是什么？为实现这个目标，你在本周或下个月准备做些什么？"

客户成功经理更快乐了，因为他们把自己的时间花在具有更高价值的活动上。客户更满意了，因为他们通过人性化的接触与数字化自助服务的结合，获得了更多的价值。你的公司也更好了，因为客户成功经理在为更多的客户服务后，成本降低了。

即使客户没有享受到分配给他的某位专门的客户成功经理的服务，他也会感到你的公司真的懂他。反过来，这会提高他给你的公司点赞的可能性，比如，"我想继续使用这个产品。事实上，如果这家公司向我销售更多的东西，我也乐意去看一看，因为我真的喜欢和这家公司合作"。

你一直在使客户满意，结果呢，也赚到了更多的钱。

以前，我们用CO + CX = CS这个公式表示上面的结果，它的意思是，客户结果（Customer Outcomes）+ 客户体验（Customer Experience）= 客户成功（Customer Success）。今天，在融入了以数字为先的理念后，我们将这个公式修改为：

$$CS^D = CO^D + CX^D$$

放眼未来，你的客户成功组织有着无限的机会，并用数字化工具、策略和方法重塑这个行业，反过来，这也为你重塑整个公司带来了机会。数字化客户成功不仅用更少的投入做更多的事情，还可以让人才腾出时间和精力，专注于对你的公司的利润产生更大影响的活动。数字化客户成功让你的公司具有比单个客户成功经理更大的影响（他们常常只与客户组织中的几个关键利益相关者联系），使公司员工的努力进一步放大，并且覆盖更多的客户。事实上，我们相信，将来的每一个客户成功组织都会为客户提供以数字为先的货币化/产品化服务，而客户成功经理将承担更多的创造收入的责任。

本书是一本关于数字化客户成功的详尽操作指南，向你介绍所需的策略、系统、流程和计划，帮助你的客户、投资者以及同事取得成功。如今，客户的期望前所未有的高，客户保留也前所未有的艰难，通过赋予你的客户成功经理以及整个组织数字化的超级能量，你将能在不利条件下做好充分的准备，以提高公司的净收入留存率。

Gainsight公司的客户成功新法则

1. 将客户成功融入你的核心。
2. 创建一个整合的客户旅程。
3. 持续不断地驱动创造更多价值或者降低客户流失率。
4. 用数字化方法扩展。
5. 利用社群和/或客户中枢推动效率提升。
6. 充分利用产品和客户教育来加快价值实现时间[1]。
7. 在客户成功的运营上投资。
8. 深刻地理解净收入留存率。

---

1 价值实现时间（Time to Value，TTV）指从开始实施某项计划或项目到实现预期价值所需的时间。——译者注

9. 确保你的公司的客户成功战略由指标主导。

10. 坚持采用以人为本的方法。

小结

作为企业领导者，我们意识到必须扩展，做大做强，而扩展的方式是引进自动化的系统和流程。与此同时，我们得改善客户体验。我们需要运用数字化的方法，更高效、成规模地提供以人为本的客户体验。

当前，大多数客户成功组织要么没有做好准备，要么没有相应的设施和设备以向客户提供其想要的个性化的客户体验——至少不能以节约成本和可扩展的方式提供。虽然实现这个目标的工具是可用的，但大部分的软件即服务公司陷入一个灰暗地带，它介于完全自动化的、没有人情味与完全以人为本的、不可扩展的客户成功系统和流程之间。

尽管许多公司正在尝试使用一些数字化工具和策略，但大多数公司采取了一种特别的方法，充分利用各种工具，并设法整合有用的数据，因为在当前条件下，数据是孤立的，分散在企业多个部门之中。其结果呢？导致与客户的体验脱节，与客户的交流重叠，并且在整个公司中呈现低效率状态。

另一个障碍是某些客户成功团队难以从防御战略（那些基于假设的有关最佳实践的战略）转向进攻战略（与先进的分析技术相结合的战略）。客户成功团队的领导者需要加快从人工的关系管理实践转变为科学的、由数据主导的、行业化的并且可扩展的实践。

客户成功这个行业重塑自身的时机已经来临，要探索和采用新方法来提供更高效、更加可扩展的客户成功服务。这些新方法包括使用应用程序内的指南来引领新客户，发布攻略以帮助客户试用新功能，以及进行调查以得到客户的反馈，等等。所有这些都根据客户行为数据来改进客户体验并为之提供个性化的服务。

我们正在取得进步，但我们需要加快速度。

第2章

点燃长期成功的可持续商业战略

哲学家赫拉克利特（Heraclitus）曾说："变化是唯一不变的。"

这是一句人人都原则上同意的格言，但在实践中，很少有人听从。相反，大多数人习惯性地认为，明天看起来跟今天通常很像，但总有一天不像。

无论经济有多少次被战争、新技术的发明、通货膨胀还是（最近的）世界范围的疫情所扰乱，许多企业的领导者都一而再再而三地通过低调行事、削减预算，期待一切回归到"正常"的那一天。但那一天永远不会回来了。世间的万事万物，永远回不到它们的"曾经"。

我们在写这本书时，软件即服务行业正在进行突然的变革。我们好比从后视镜中看到长达12年的"牛市"退去后，自己似乎正沿着一条坎坷不平的高速公路，冲向一个不确定的目的地。新的时代悄然来临。几乎在一夜之间，史无前例的繁华就被销售的停滞不前和估值的下滑所取代，如今，投资界衡量成功的指标从原来的快速增长转变成可持续盈利。

2022年，由于更高利率、更高通胀和动荡的经济形势，科技股票的价值下跌了超过30%。到年底时，科技公司已经裁减了14万个工作岗位，未来还会出现更大规模的裁员。2019年，快速增长是投资者评估软件即服务公司的重要指标。但从那时起，剧本完全变了。如今，可持续盈利成了最重要的估值指标。

在这个经济环境剧变的年代，如果你的市场曾经遍地是黄金，如今却变成了沙漠，那么，你得打起十二分精神，确保现有客户这片绿洲能够蓬勃发展。与其坐等经济形势好转，不如现在、立刻、马上把更多的精力放到留住客户、吸引客户代言、实现业务扩展上来，以保持可持续盈利。

当你"桶中"的每一位客户都变得真正重要时，你最不希望的是那个"桶"居然漏水！因此，考虑到你的公司在短期内能够获取的新客户更少，你就必须使尽浑身解数，做一切可以做的事情，来说服现有的客户，让他们明白，他们不仅应当和你续约，而且应当增加在你这里的消费额。

要做到这一点，你得尽可能多地给客户带来可感知的价值。你得在客户成功方面加倍努力，确保客户在财务总监着手削减支出时，会站在你这边说话。在一个充满不确定因素的动荡世界里，客户会目不转睛地盯着他们花钱买来的软件，你的公司得成为一家能够向客户交付成果的公司——通过你的产品被客户采用的程度，以及产品在帮助客户实现他们期望的商业成果方面所发挥的作用，向客户交付成果。

在你现有的客户中投资，使他们获得成功，那么，你的公司就将出现戏剧性的、可持续的增长。一些快速增长的软件即服务公司已经知道这一点。根据爱迪生投资公司（Edison Partners）发布的第五次年度"增长指数"，年增长率达到或超过30%的软件即服务公司具有以下特点。

- 在组建客户成功团队上的投入是增长率较低的公司的6倍。
- 在现有客户身上实现了年度经常性收入（Annual Recurring Revenue，ARR）高达35%的增长。
- 留存的收入比增长缓慢的竞争对手高出17%。
- 实现了高达102%的净收入留存率。

客户成功是持续增长的引擎

甚至在经济衰退之前，许多以订阅为营收来源的公司已经开始更加重视风险管控，并且理解为客户提供更优质体验和结果的必要性。这是对不断发展的科技、不断变化的客户偏好，以及市场饱和度和低转换成本等的响应。即使在那个时候，从人力资源和金融资本的角度来看，趋势线也指向了更高效的增长方式，而不是过去10年里那种不惜一切代价的增长方式。

当然，重要的问题是如何实现可持续盈利。

我们就从这里开始。为了在经济好的时期、经济差的时期以及经济成熟的任何阶段使你的公司繁荣发展，你需要获得支持，而我们为了向你提供这样的支持，撰写了《企业持续发展手册》（*Durable Business Playbook*），它包含6个经过证明的策略，以帮助客户成功、销售和产品团队加强合作，并且引导他们将集体的精力和智慧用于提高收入留存率，进行客户拓展以及宣传推广。

请注意，这些策略并不是在经济衰退的紧急情况下"打破玻璃"[1]的急救措施，一旦警笛响过，就应该立即放弃。这些策略是每一家基于订阅的公司应当永久依赖的关键的基础支柱。

策略1：避免意外

如果你管理一家能够产生经常性收入的企业，但你对客户的想法、感受和行为（以及客户没有做的事情）毫不知情，也就是说，你没有研发出一个客户运营健康评分和风险管理的流程，那么，你已经陷入麻烦中了。这些都是在当今竞争激烈的环境中赢得生存的筹码。如果没有它们，你的前景就会很不妙。

机会对你不利。

撇开别的不提，最近的局势让下面这个道理变得十分清晰：有些意外事件的发生，是由你无法掌控的人、机构和事情引发的，虽然你不可能阻止它们发生，但可以防止由你的客户引发令人不愉快的改变。正因如此，这本指南的第一步是通过严肃对待风险和续约管理，避免意外情况发生。这应当是你的客户成功运营的核心原则。

你的第一个步骤应当是搭建一个"无意外事件框架"，它提供来自客户的由数据主导的预警信号。首先问你自己："我们把什么事情做得好？在哪个方面偏离了正轨？""我们打算怎么办？"这些问题将帮助你分清，你应当将自己的精力和资金首先放在哪些地方，以确保那些需要你最大限度关注的客户能够被你重点关注。

---

[1] 打破玻璃，在这里是指紧急情况下砸碎玻璃，以取出物品或者触发警报。——译者注

在Gainsight公司，我们充分利用客户成功平台，构建了一个被我们称为"亲爱的"（DEAR）的运营健康评分框架，DEAR是四个英文单词（短语）的首字母缩写，分别是部署（Deployment）、参与（Engagement）、采用（Adoption）和投资回报（Return on Investment，ROI）。

"亲爱的"运营健康评分框架将引导你着重关注以下内容。

- **部署**：客户激活功能了吗？他们是不是做好了准备来高效地使用他们购买的产品或服务？（糟糕的部署，通常是客户部分流失或者销售价格下降的一个风险指标）为了确定客户是不是已经激活功能，你需要准确的授权数据（他们获得授权做什么）和他们实际激活了什么功能（分配的许可内容）。你还要能在系统中看到这一数据，该数据将反馈到部署了运营健康评分的指标中。做好了这些，你的客户成功经理将接收预警信号，并且在部署行动万一没有达到期望的门槛的时候立即采取行动（糟糕的部署是软件可能被闲置的预警信号）。

- **参与**：客户参与其中了吗？你是否与正确的利益相关者保持多个渠道的交流？换句话讲，你是不是正在以正确的节奏，与所有正确的人物角色（也就是那些对合作的结果有影响的人）进行交流？一定要辨别客户中的关键人物角色，并且为了让客户参与其中而签订服务等级协议（Service Level Agreement，SLA）。充分利用客户成功平台（Customer Success Platform，CSP），你可以根据正在发生的活动创建逻辑，为参与运营健康得分系统提供原始资料。这将显示客户的参与强度，并且在事情脱离正轨时触发预警和提供指南。

- **采用**：客户是不是既广泛又深入地使用你的产品？（广泛指的是广度，表示客户多么经常或多少次正常地登录并且健康地使用。深入指的是深度，表示采用的质量，即经常使用产品的黏性功能，表明参与了有意义的端对端工作流。）遥测数据在软件即服务公司变得越来越重要，它有助于理解客户如何使用产品、在哪些方面可以改进，以助推客户获得更好的结果。一旦获得了某个产品采用工具，其中含有大量数据，你就可以根据收到的信号，运用相关指南，为你采用的运营健康得分系统提供原始资料。

- **投资回报**：基于你已经辨别的结果以及你做过的工作分析，客户是不是实现了价值。实现价值的第一步是与客户一同制订共同成功的计划，以辨别他们期望的商业成果以及你为了达到共同认定的成功标准而与客户合力采取的重要举措。这个共同成功的计划应当根据已验证的结果完成情况，自动地为投资回报运营健康得分系统提供原始资料。

"亲爱的"运营健康评分框架不仅着眼于帮助客户成功团队为客户提供卓越的体验，而且将推动现有的客户实现期望的结果，一次又一次使你增强客户黏性，从而在现有客户的基础上实现可持续盈利。

除了提供客户体验得分，"亲爱的"运营健康评分框架还提供客户成果得分。这是一个客观的指标，衡量客户是否实现了价值，收获了投资回报。尤其是，该框架的客户成果得分使你能够将特定的工作流程与特定的领先指标及滞后的结果联系起来。它还让你能够测量你的团队正在开展的每一项活动，帮助你确定那些活动怎样影响你当前的业务和企业未来的发展。

这些持续进行的要素分析可能看起来简单，但可以使你避免在与客户互动的时候感到不知所措。记住，和客户互动的所有人，包括客户成功、销售和支持团队成员，必须参与风险管控。

策略2：通过数字化客户成功来扩展

当你面临迅速且持续地提供价值的压力时（以及在没能做到这样的时候），你的客户成功组织需要一些复杂的数字化工具来为整个客户群体提供更高水平的服务。客户成功助推由客户主导的增长，包括通过向现有客户进行向上销售和交叉销售，提高净收入留存率。它还可以将客户转变成你的产品的代言人（他们借助在线社群和线下的销售/营销活动来为你的产品代言），帮助降低客户获取成本（Customer Acquisition Costs，CAC）。

在组建销售部门时，初创公司和处于发展早期的公司常常会犯的一个错误是，简单地将这个部门不断地扩大规模，增加人员。但是，在组建客户成功部门时，各公司往往矫枉过正。它们企图用太少的人去做太多的事情。这样一来，即使能够产生成果，也只会是平淡无奇的成果，并导致员工感到倦怠，提高了公司的员工流失率。

数字化客户成功平台使你能够用较少的人员、时间、精力和资金来做更多的事情，同时提供个性化的客户体验，也就是在正确的时间向正确的客户发出正确的信息，从而实现可持续的成功。数字化工具使你的客户成功团队领导者有时间执行更加先进的运营策略：使用对电子邮件的深入洞察来构建客户旅程和工作流程；分析客户对产品的使用情况，以了解客户在什么地方陷入困境；创建应用程序内的互动，将客户拉回正轨；建立强大的社群，使客户可以获得一对一的支持。

奥克塔公司（Okta）是一家安全的基于云计算的认证解决方案的领先供应商，其客户成功运营部门的高级经理梅丽莎·艾伦（Melissa Allen）充分运用Gainsight公司的客户成功平台，为客户创建了自动的复杂性评分系统以及一个薪酬仪表板。自该系统推出以来，这个获得了"改变游戏规则"奖项的数字化客户成功平台，已帮助奥克塔公司的经理以更加可持续的方式向客户成功经理分配工作任务。艾伦说："它不仅使工作量更加平衡，而且提振了客户成功经理的士气，因为他们觉得，公司分配给他们的客户，比以前更加均衡了。"

该计划的另一个好处是防止客户成功经理倦怠。艾伦指出："以前，许多客户成功经理可能因为客户的复杂性而感到压力山大或者疲惫不堪，但他们不知道怎么表达。这种表达是十分主观的。没有数据表明某个人的工作量是过于饱和还是根本不够。它能够将工作量进行量化,并且显示客户成功经理都在做些什么,提高了考核的透明度。我们在不依赖定性指标的情况下,对他们的工作量有了新的了解。利用这个评分系统,你不必再证明数据都显示了什么。"

通过降低客户获取成本,并且培育乐意为你的营销、客户支持和产品研发团队提供低成本帮助的客户基础,数字化客户成功成为在公司各业务单位和各部门之间提高净收入留存率和工作效率的理想工具。

用数字化实现从0到1的跨越

你希望着眼于改进客户体验,同时在客户成功部门推动扩展,并提升其有效性和效率吗?在Gainsight公司2022年度的"脉冲"大会上,Gitlab公司客户成功团队前主管杰夫·博蒙特(Jeff Beaumont)分享了关于如何做到这些的四个基本秘诀。

明确你整合数字化的目的

如果你只考虑如何通过数字化来削减成本,换句话讲,来推动效率提升,那么,这是一场没有人想赢的逐底竞争[1]。提升效率不应是你的唯一目标。很显然,提升效率的确是一个有效的目标,但如果你将数字化融入客户成功的行动中,就只以提升效率为目标的话,那你可能会发现,向财务、销售等部门的领导者以及其他许多人来推荐这一行动是十分困难的。相反,我鼓励你们思考:数字化可以怎样帮助你的组织提升有效性。例如,我们可以通过数字化提高许可的使用率和用例的采用率。在财务和销售等部门,这个目标更容易被接受。你可能还想提高效率,并且改进客户的体验,这很好。

---

[1] 逐底竞争(Race to the Bottom)是博弈论等多学科中的概念,指的是各方竞相奔向底线博弈,以求胜出。它也是一个社会经济方面的用语,用于描述政府为吸引或保持其管辖范围内的经济活动而放松对营商环境的监管或降低税率。——译者注

同时确立多个目标是一件好事。但要从一开始就知道你的目标是什么，知道你要优先处理的事情是什么。

制作路线图

知道你的目标，有助于你制作路线图。你想实现什么目标？为了能够实现目标，你要做什么？怎样使你自己行动起来？要小心的是，对于制作宏伟的路线图，我们容易感到兴奋，但这样一来，你得用十二分耐心来关注细节，确定你随着时间的推移都要做些什么，以及如何解决这个世界上冒出来的所有问题。所以，要抵制制作宏伟路线图的诱惑，而是……

一次迈一小步

饭要一口一口地吃，路要一步一步地走，这样你才不至于不知所措。是的，制作路线图一定要循序渐进。反复迭代，直到你最终完成了整张路线图中的任务。

选择你的"北极星"

要牢牢记住，无论你设置了什么样的关键业绩指标（Key Performance Indicator，KPI），选择了什么样的标准，它们都好比挂在明亮夜空中的"北极星"，你的团队将朝着这个方向前进。这些是你在周一早晨到办公室看报告时要考虑的东西。所以，无论你使用什么标准，设置什么关键业绩指标，都要确保它们与你的最终目标始终保持一致。如果你想提高许可的使用率和尽快为客户创造价值，那真是太好了。这些都可以成为你的标准，只要它们与你的目标一致。

策略3：将客户留在客户成功中

顾名思义，客户成功组织的目的应当是显而易见的。但和其他部门的团队一样，这个团队有时候也会因忙于处理日常事务而忽略了核心的任务。有时候，客户成功经理可能采用一种由内及外而不是由外及内的视角来看待成功对客户的意义。当这种情况发生时，他们可能无法使客户成功的旅程变成一种真正的合作体验。

为了充分利用每一次扩展的机会，软件即服务公司需要制定整个公司上下同欲的战略，来获取客户、管理客户，助推客户一次又一次地取得可验证的成功。实现可持续的增长，关键在于客户成功经理拥有足够的信息来了解客户每次在实现自身目标时都需要些什么。

客户成功经理必须花时间来真正地理解客户期望的成果，然后制定规范性的策略，帮助客户实现这些成果。

充分利用每一次扩展的机会，客户成功、销售和产品团队必须与客户通力合作，以了解客户的目标，然后开展相关的活动，并测量这些活动对客户目标产生的影响。

以世纪集团（Shiji Group）为例，它的名为"Shiji ReviewPro"客户体验管理软件在全球数千个客户中得到应用。虽然许多客户是大型企业，而且遍及全球数百个地方，但该公司同时还为众多小企业服务。对于"Shiji ReviewPro"这个软件，这种包含众多类型的广泛客户的情况让它陷入了两难的境地：究竟应当推出有针对性的售后服务，还是采取通用的售后服务来覆盖所有客户？

这个问题的答案最终以客户留存率呈现。"Shiji ReviewPro"软件的首席运营官尼尔·詹姆斯（Neil James）说："大约6年前，我们的小客户出现了大量的流失。我们非常擅长管理大客户，但没能做好对小客户的管理。"公司需要一些脚本和流程来确保客户成功部门能够主动地、定期地与小客户交流。詹姆斯补充道："我们的目标是尽可能培训客户使用我们提供的解决方案，以便降低我们在那个特定市场的客户流失率。"

"Shiji ReviewPro"软件使用了Gainsight公司的客户成功与产品分析

和互动平台，加强对其的数字化推广，并且与小客户建立了一致的、卓有成效的对话机制。这种对话机制增强了与客户的互动，减少了流失。

该公司还使用Gainsight软件来进行向上销售并帮助销售团队在客户旅程中走得更远。这个过程从客户成功团队制定的客户旅程开始，该团队决定旅程的哪些部分由数字化技术处理，哪些部分由人来管理。当客户在旅程中遇到一个重要的向上销售机会时，Gainsight软件就会生成一个用例（或者商业案例）。这在平台上作为一种类型的接触点 [（Touchpoint）是客户在与你的组织发生联系的过程中的一切沟通与互动点，包括人与人的互动点、人与物理环境的互动点等]予以记录，它将自动生成用例邮件，并被发送给销售团队。

在Gainsight公司，我们了解到，拥有当前的、活跃的、经验证的结果的客户将共同产生高于12%~15%的总收入留存率。为了促进达成这一成果，我们更加努力地向社群倾斜，为我们的客户提供更多一对一交流的机会，以分享最佳实践和使用自助服务的信息。

不要低估社群的价值。说到使客户能够在单一的、个性化的、自动化的旅程中使用自助服务，没有什么工具比基于社群的一对一联系更好了。

策略4：采取攻势

由于客户成功起源于客户支持，因此，许多客户成功部门的领导者自然而然地采取防守的姿态。毕竟，客户成功诞生，就是要保护现有的客户群体，推动收入留存，并且响应客户的售后请求。但是，优秀的和卓越的客户成功组织不止如此。优秀的客户成功组织会迅速响应客户的请求，并使客户的情绪一直高涨，而卓越的客户成功组织更进一步，往往采取主动的姿态。其知道什么时候要进攻，知道怎样引领客户在一种看似毫不费力的周期运动中从采用到续约再到扩展。当卓越的客户成功组织采取攻势时，其会与产品团队展开跨部门的合作，以影响产品路线图，提升客户体验。

重要的是，你和你的客户成功团队的同事不能过于狭隘地关注续约而忽略容易摘得的扩展果实。无论当前的商业环境如何，至关重要的是与销售、营销和产品团队密切合作，以便释放现有客户群体在扩展方面的潜力。与你的销售组织共同制订客户计划，并且通过由数据主导的方式辨别适合扩展的客户，这是通常能产生好结果的另一种进攻策略。

我们看到，在疫情最严重的时候，尽管对新客户的获取出现了净下降的情况，但扩展的资金仍在增加。为了确保历史重演，要努力提高你的技术栈[1]中未得到充分利用的部分的采用率，并且整合客户计划，以便将更多的客户成功合格线索（Customer Success Qualified Leads，CSQLs）推向你的销售代表。在大多数情况下，你的客户群体中的很多人愿意掏钱包，继续从你这里购买产品或服务。

策略5：通过产品来增长

在 Gainsight 公司，我们有一句口头禅："客户成功团队和产品团队应当永远是最好的朋友。"

我们称这种情况为"产品+客户成功互锁"，虽然我们对待自己不是十分认真，但对待这个策略十分认真。

客户应当成为你的"整个宇宙"的中心，无论你在哪个团队。如果产品团队不在某个解决方案上予以通力合作，那么客户成功团队不可能解决客户提出的关于产品的问题。因此，在Gainsight公司，我们最近做的一件重大事情是建立了以客户为中心的发布周期。每个人都与产品部门协调、协作，确保客户做好了使用我们将要发布的产品的准备。如果我们没有达到某个里程碑（这表明客户已经准备好采用一种新的或增强的功能），我

---

[1] 技术栈（Tech ndogy Stack）是一个IT术语，指在软件开发中所使用的一组技术，包括编程语言、框架、数据库等。——译者注

们就会暂停，直到达到这个里程碑。

对你的公司而言，采用类似这样的以客户为中心的方法来制定路线图，是推动持续增长的关键。将客户成功的反馈和当前正在进行的与客户的交流全部融入产品路线图的制定过程，可以确保你的团队将正确的功能放在优先研发的位置，以便客户实现价值，达到商业目标，并最终变成你的品牌的代言人。

为了提高客户满意度，你的公司的产品、营销和客户成功团队应当齐心协力，针对每种产品和每个功能确定客户满意和产品成功到底意味着什么。接下来，这些团队可以运用产品分析及与客户互动的数据来测量和追踪客户满意度的各个重要组成部分，包括净推荐值（Net Promoter Score，NPS）、客户满意度（Customer Satisfaction，CSAT）、客户费力度得分（Customer Effort Score，CES）等。分享这类数据，使各团队可以将其方法与客户保持一致。它还将促使各团队围绕产品发展、优先事项、特定客户的支持等达成一致，以为现有客户群体提供最大的价值。

策略6：做到以人为本

无论你的公司在技术上有多强，所有业务最终都在人与人之间开展。换句话说，你的成功与你建立的人际关系是直接相关的，既包括与客户的关系，也包括你与你的公司中的所有员工的关系。为了建立强大的人际关系，你必须做到人性化，也就是像普通人那样和别人交往，而不仅仅是当好客户成功经理。这一点在软件即服务公司面临销量停滞、规模缩小、成本限制以及其他方面的挑战时尤其正确。通过展示人类独有的同情心和爱心，你将为人际关系留下一些资本，这些资本最终可以用来构建更加牢不可破、更加可持续的人际关系。

我们鼓励你在运用这一策略时增加趣味性。例如，我们向客户和他们的孩子发放一些品牌的赠品，分享一些有趣的视频，并且在一些计划中进行投资，以帮助新一代人才进入客户成功这个新天地。因此，要想一些办法为你的客户制造惊喜,让他们开心。想一想你可以怎样创造一些使客户难忘的时刻。

是时候重新思考你的产品路线图了吗?

使用《企业持续发展手册》,需要用新的视角来看待你的产品路线图,因为当你通过客户留存和扩展来实现增长时,主要目的是最大限度地发挥现有客户的作用,让他们更多地使用产品或服务,增加支出。这意味着要优先研发核心功能和效用,而不是增强新的功能来努力吸引新客户。牢记这一点,再来看为了推动持续的、由产品主导的增长,客户成功与产品团队可以协同运用的四个步骤。

第1步:认真对待分析

每家公司都想使用数据来改进决策,但大部分公司没有意识到,它们的产品恰好是数据的最强大来源。产品数据能够帮助你了解客户旅程,比如,客户发现哪些功能是有益的,哪些功能难以用好,以及你应该怎样创造价值以吸引他们变成回头客,购买更多的产品或服务。

这使产品分析变成了一种有价值的资源,尤其是当你在制定路线图时(希望找准你的客户真正需要什么)。产品分析的数据将显示客户怎样使用你的产品,还包括客户调查、消息的发送以及更多的定性测量结果。如果收到了客户的反馈,那么你还可以了解客户有什么感受,知道你忽略了什么,并且通过增加投入做出一些改进,以满足客户不断发展的需求。

第2步:重点关注客户黏性

在产品分析的过程中,你应当牢牢盯紧产品中最具黏性的功能。这些功能包括,当你着眼于吸引新客户并将他们的好奇心转变为你的产品的一个难以抗拒的用例时，你的产品在早期的评估阶段的关键价值驱动因素。但它们还包括与结果相关的功能，这些功能使现有客户在扩展时能够测量和增加投资回报。它们还包含那些直接推动组织扩展的功能，比如促使客户邀请他们的同事使用你的产品的协作功能。

产品经理自然会对新功能感到兴奋，但在整个客户生命周期中采用由数据主导的眼光来看待黏性，就会更容易辨别有哪些机会围绕产品的核心功能进行创新，并且使该功能更加整合、更可扩展、更为高效。客户不会由于你列出一个光鲜亮丽的新功能清单而与你续约或增加购买量。但如果你的公司不断投资于使其以成果为导向的功能尽可能变得最好，以便客户可以在他们的工作中取得更大的成功，那么，他们就会不断续约。

第3步：影响客户行为

无论你是否相信，大多数客户不会为了寻找新功能而仔细阅读你的发布说明[1]。事实上，有些客户甚至没有注意到你新近发布的产品功能，还有些人虽然注意到了，却可能很难理解该功能如何支持他们的核心用例，或者有效使用它的最佳实践是什么。

为了让更多的客户知道新功能，要充分利用应用程序内的消息发布方式，鼓励核心客户解锁新功能。作为发布流程的一部分，通过创建高效的应用程序内的交流机制，加上指向文章和视频的链接，将帮助客户了解并成功地采用你的产品的最新功能。

---

[1] 发布说明（Release Note）是指软件产品发布时同时附上的文件，用于说明变更、解决方法等内容。——译者注

> **第4步：紧紧盯住你的"北极星"**
>
> 每一家软件即服务公司都需要紧紧盯住自己的"北极星"，着重关注客户和公司自身想要实现的目标。真正的韧性来自了解这些事情，并且通过优化客户的体验，使产品尽可能具有黏性来扩展市场。
>
> 建立可持续发展的、具有韧性的软件即服务公司，需要致力于通过产品来拓展业务，并将产品作为提高客户留存率和推动业务扩张的工具，增加核心功能的价值，使客户成为打算增加购买的"回头客"。这反过来需要以新的视角看待产品路线图。更重要的是，对产品的了解程度以及投资的方式将决定你的公司未来几年的发展情况。

一切围着客户转

长期以来，持续增长的公司把大量资金投入客户获取中，有时候将客户获取成本提高到了荒谬的地步。例如，HelloFresh公司在发展初期的客户获取成本据说达到94美元，而刚刚起步时的优步公司（Uber）一度用各种各样的激励措施来吸引潜在的司机，包括签约奖金、汽车贷款、有保证的时薪，甚至是免费的苹果手机。

最后，每一家拥有经常性收入的公司都会到达平稳发展阶段，到了这个阶段，不论它们在销售和营销等部门投入多少资源，新客户的获取数量都会下降。此时，要么是公司的业务开始萎缩，要么是公司的高管和投资者转向客户留存、代言以及扩展，以保持盈利水平不下滑。即使在初创公司，现有客户所带来的收入增长仍然占总收入增长的50%，而现有客户的增收所产生的成本只占获取新客户所需成本的小部分。除此之外，由客户成功团队创造的潜在客户通常具有最高的转化率。

因此，我们强烈建议你将《企业持续发展手册》中的策略作为公式来采用，以增加现有客户群体在你的产品或服务上的支出额度。这6个策略将作为你的企业的战略支柱，使你能够了解你的客户群体正在发生什么，并且推动效率提升，降低客户获取成本，改进客户体验，确保在你的市场推广（Go-To-Market，GTM）。团队中的每个人都通力合作，一切都围着客户转。

小结

鉴于你的公司迟早会在新客户的获取数量上出现下滑，你必须使尽浑身解数来说服现有的客户，不仅应当继续在你的公司订购，还应当增加购买量。

为此，你需要尽可能多地向客户提供他们能感知到的价值。在如今这个世界，客户对他们花钱购买的软件十分挑剔，你的公司一定想成为能够交付成果的公司。怎么做？让客户更深入和更广泛地采用你的产品和服务，并且通过你的产品和服务实现预期的商业成果。在帮助你的现有客户群体取得成功方面增加投资，你就使你的公司做好了实现快速增长和可持续发展的准备。

客户成功组织要变成持续增长的引擎。遵循《企业持续发展手册》，客户成功、销售以及产品团队可以加强合作，齐心协力来改善客户留存率，实现客户扩展，将客户转化为忠实代言人。《企业持续发展手册》中的这6个策略并不是应急时打破玻璃的紧急措施，而是每家采用订阅模式来盈利的公司应当永远可以依赖的策略。这6个策略如下。

- 策略1：避免意外。
- 策略2：通过数字化客户成功来扩展。
- 策略3：将客户留在客户成功中。

- 策略4：采取攻势。
- 策略5：通过产品来增长。
- 策略6：做到以人为本。

最后，每一家拥有经常性收入的公司总会面临新客户获取数量下滑的那一天。到那时，要么公司缩小规模，要么公司的高管和投资者想尽办法留住客户、加强宣传和客户代言，以维持利润水平。

第3章

数字化客户成功是战略计划

> 这是最好的时代，这是最坏的时代；这是智慧的年代，这是愚蠢的年代；这是信仰的时期，这是怀疑的时期；这是光明的季节，这是黑暗的季节……
>
> ——查尔斯·狄更斯（Charles Dickens）的
> 《双城记》（*A Tale of Two Cities*）

为什么你应当关注数字化客户成功？

因为过去10年公司一直在实践的客户成功模式已经不再可持续。我们不会假装自己准确地知道市场到底朝着什么方向发展，但我们确实知道，对各公司来说，不计任何代价谋求发展的时代已经过去了，取而代之的是持续增长的时代。在2020年以前，典型的客户成功组织通过投入大量的人力来应对挑战。无论你的公司是否盈利，只要能获取更多的客户就行。如今，随着软件即服务公司竞相适应快速更新的技术（尤其是人工智能），争相满足客户的偏好，持续的利润和增长已成为投资者用来计算公司估值和测量公司成功的标准。如果连盈利都做不到，那还是醒醒吧，公司不可能获得高估值。

但如果把客户成功作为持续增长的引擎，那一定会高效得多，而且通过整合自动化的流程和系统，一定能够实现持续增长。

有些以订阅为营收模式的公司成功地使用数字化客户成功的方法，它们当前正喜迎"希望之春"，前景一片美好。这些公司把客户成功当成收入的助推器；设置了首席客户官的职位，在客户成功、销售和产品部门之间达成了一致，并且致力于使客户成功行业化。相反，另一些公司仍在把客户成功看作成本中心，将其运营分拆给销售、服务以及其他部门，故步自封，并且将客户成功作为手工"工艺"来运营。它们当前正陷入"绝望之冬"。

眼下，软件即服务行业就在上演一部《双行记》，好比分解成了两个截然相反的行业，形成了严重的两极分化。其中一个行业幸运地拥有了新获得的数字化超级力量，正在规划一条通往胜利的大道；而另一个行业则被困在被动式的、只有人工参与的手工模式之中，正朝着相反的方向发展。

追求扩展和提高价值

一方面，很多公司已经千方百计地通过数字化客户成功来扩展；另一方面，很多公司难以做到在向客户提供真正价值的同时实现扩展。以下的统计数据说明，当客户成功组织转向数字化客户成功模式时，其在更好地实现客户成功、投资者成功和同事成功的过程中，会遇到下面一些挑战。

- 对于迅速的、即时的帮助，51%的客户更喜欢与机器人互动而不是与人互动，但根据研究型咨询公司高德纳在2019年发布的报告："只有9%的客户表示，他们完全通过使用自助服务解决了自己的问题。"这两个相互矛盾的调查结果指出了一个令人不安的体验鸿沟。由于太多的客户已经习惯B2C环境，如抖音海外版（TikTok）、亚马逊、谷歌等，因此，在说到优质的自助服务和数字体验应该是什么样子的时，客户对B2B供应商的体验和自助服务选项抱有很高的期望。然而，客户期望与B2B供应商所提供的现实之间存在巨大的鸿沟。

- 超过四成公司正在使用（至少）4～6种工具来引领客户。这是一个不必要的工具泛滥的例子。软件供应商明白，许多客户在引领他们的客户时举步维艰。但他们是怎样克服这种困难的？增加更多的工具。这种回应不但没有解决问题，反而给客户带来了更加沉重的负担，致使客户现在不得不掌握4～6种互不相关的工具解决自己面临的问题，而这些工具是专为解决这个问题设计的。简单地讲，大多数软件即服务公司在应对客户引领的挑战时给客户带来了更多需要克服的挑战，而不是提供单一的、客户友好的解决方案。

所有这些都会影响底线利润，不仅会影响你的，还会影响客户的。当以订阅为营收模式的公司和其客户成功组织试图通过数字化来扩展，却发现其付出的努力不如预期的那么有效时，通常就会默认回归人工的、高感性接触的程序。但客户还是没有从产品中获得价值，这导致投资回报受到损害、采用率降低、客户体验脱节。与此同时，你的公司则焦头烂额地应对由不满意客户引发的不可接受的客户流失，这导致净收入留存率降低。如果不打破这个痛苦的链条，那么它可能变成一个恶性循环，并无限地重复下去。

从高科技接触到仿生客户成功经理

直到最近，数字化客户成功还通常被称为高科技接触。这是一种客户细分策略（通常针对消费最低的客户），它基于下面这种认识，即普通的客户成功组织再也无法通过简单地招聘更多的客户成功经理既为高消费的客户服务，又为低消费的客户服务了。客户成功组织不能再以这种方式来扩充人员规模了。高科技接触还是一个成本驱动的因素，用于在所有的细分市场扩展更优质的客户体验。在这些细分市场中，长尾[1]通常不会获得太多的以人为主导的客户支持。

在大多数情况下，低消费的客户获得的服务是一对多的电子邮件、网络研讨会，以及办公时间上门拜访，等等。这些是通常必须采取的方法，再加上你的网站上某些操作指南，其目的是使客户不至于提出太多的问题，多到让支持人员应接不暇，疲于应付。在Gainsight公司，我们甚至制作了一张图来解释高科技接触的作用。如你在图1.1中能看到的那样，金字塔的特点是：你的大客户在顶端，接受客户成功团队的高感性接触；客户成功团队为中等规模的客户提供高科技接触和高感性接触；最底部是小客

1　长尾，指那些原来不受到重视的销量低但种类多的产品或服务，由于总量巨大，累积起来的总收入超过主流产品的现象。——译者注

户,其在你的公司中的消费水平很低,他们只收到较少的电子邮件、网络研讨会等,并且没有获得人工的客户支持。

如今我们相信,这种方法完完全全是错误的。即使它曾经正确,但最近的几次变迁也使它已经过时了。

- 客户对他们使用消费软件的方式的期望已经改变。和几年前相比,今天的客户期待获得更多个性化的和指导性的体验。
- 科技已经发展,使我们能够以更加量身定制的、主动的方式来更好地服务客户(通过应用程序内的消息传递、人工智能、产品使用情况分析,以及更少碎片化的参与)。
- 由于经济的变化,现在更需要将人力资源导入最有价值的活动中。这可以通过充分利用技术与自动化的优势来扩展客户生命周期中的以数字化为先的时刻。

当前的现实是,技术已经改变,市场也随之改变。无论客户是大型企业还是中小型企业,都希望以数字化方式互动。这就是客户的预期。原来的金字塔表明,数字化方法仅仅用于你不能用人工方式服务的那些客户。今天,几乎每一家有远见的公司都意识到,数字化客户成功对所有客户都有价值:一方面,无论规模大小,客户都希望拥有自助服务体验;另一方面,和你合作了很长时间、不需要再进行季度业务审查的客户也希望你向他们提供自助服务。如今的数字化客户成功还能更好地完成自动化的日常任务(这既为客户自己也为客户成功经理节约了时间),并且接触那些不希望以高感性接触方式进行互动的利益相关方。从成本的角度看,作为供应商,你应当为客户提供他们想要的东西。你负担不起为客户成功队伍招募更多成员的费用。

我们愿意承认关于这个金字塔的错误。正如泰勒·斯威夫特(Taylor Swift)在一首歌曲中唱道:"是我。我就是问题所在。是我的问题。"如今,我们希望将数字化客户成功作为一种适合所有软件即服务客户的解决方案。而对于软件即服务的供应商,数字化客户成功是可以选择的最具成本优势的增长解决方案之一。配备了正确的数字工具和工作流程,并且在正确的时间和客户进行正确的信息交流,你就可以迅速而高效地提高客户留存率,将现有的客户成功经理转变为仿生客户成功经理。

充分利用产品采用数据、数字化通信渠道、应用程序内的参与及调查、自动化的电子邮件序列、由工作流程主导的脚本,以及充满生机与活力的客户社群,你可以使每一位客户成功经理更好、更可靠、更迅速地服务客户,让他们有更多的时间从事高价值的活动,而不是日复一日地完成一些低价值的任务。

请不要误会我们的意思:整合数字化工具并不是用完全自动化的客户成功计划来取代客户成功经理。相反,这涉及为你的客户成功团队配备一些工具,让其如虎添翼,力量倍增,能力得到加强,并且有更多的时间专注于战略计划,而不是一遍又一遍地向客户发送相同的电子邮件。

谈到扩展客户成功,你不能只是简单地招聘更多的人并希望得到最好的结果。你需要制订一个数字化赋能计划,可以在无须增加人手的情况下为客户提供更加个性化的体验。事实上,你的许多大客户想要获得一种更加数字化的体验,而有些小客户反而希望获得高度个性化的体验。由数字化主导的运动将帮助你更高效地为客户提供这两种类型的体验。

数字化客户成功的定义

我们将数字化客户成功定义为一项战略,它有效地推动客户采用、留存和增长,通过全渠道参与来提供个性化的用户体验。数字化客户成功将数字化和人工互动结合起来,使客户能够充分利用由数据化主导的自动化和集中的资源来享受自助服务。目的是助推:

- **投资者成功**,提高利润率(在提高总收入留存率和净收入留存率的同时提升效率)。

- **客户成功**，增加投资回报（使客户拥有丝滑的体验，获得更多的价值）。
- **团队成员成功**，提高生产效率，充分利用技术赋能客户成功经理，使经理有更多的时间进行高价值的活动。

精心设计的数字化客户成功战略将：

- **增加规模和提升效率**，通过围绕单一真实来源对齐业务，明确全员的任务。它还将实现自动化操作和协调客户参与，确保能够大规模地向客户交付价值。
- **提高客户留存率**，通过深入了解客户，你能够主动引导他们获得价值，并且辨别早期的风险预警信号，有效避免大规模的客户流失。
- **提升用户体验和提供更多使用产品**，通过分析产品使用和客户情绪数据，进行有针对性的应用程序内的参与，从而推动客户行为发展，进行反馈，助推价值的增加。数字化客户成功使我们能够接触更多客户，并和他们进行有效的互动。这很重要，因为随着客户市场力量的增强和客户声音的丰富，我们需要更迅速和更彻底地帮助这些终端客户使用我们的软件产品。
- **增加扩展的机会**，通过使用预测性的分析和工作流程，来围绕成功客户的续约和扩展、减少收入的流失而做出更大的努力。

为了实现这些目标，数字化客户成功充分利用数据和互动工具来改善客户旅程。这里所说的数据，包括由人工智能驱动的整合的客户数据、产品分析数据、调查数据、由人工智能主导的洞察数据等。而这里所提的互动工具，包括社群/数字化中枢、客户中枢、应用程序内的指南、知识机器人程序与调查、自动化的电子邮件营销活动、程序化的续约，以及汇集的客户成功管理、分布式的工作分配和客户成功经理队列。

数字化客户成功是一项战略，能够使你的客户成功经理将人工的和数字化的接触点结合起来，聚精会神地从事具有最高价值的活动，扩展你现有的计划，为客户创造更多价值。

数字化客户成功不仅仅是高科技接触或者低感性接触，还针对你的中小型企业客户和低消费客户。而且，它绝不是用机器人专为替代客户成功经理而设计，如果是这样的话，那么与客户的互动就变成了完全去人性化的互动。

由数字化主导的客户成功与由人工主导的客户成功并不矛盾。事实上，这两种模式是相互支持、相辅相成的。随着客户成功团队及其领导者将数字技术融入他们的系统和流程中，他们便能更好地为客户提供超出预想的服务，即更加人性化的客户旅程，以及更多的自助服务选项。数字化客户成功使客户成功经理用更少的投入做更多的事情。你的员工将腾出时间和精力来专注进行更高价值的活动，而不是完成平凡而重复的任务，值得一提的是，大多数平凡而重复的任务如今也能实现自动化了。

数字化客户成功是在全球疫情到来之后甚至开始之前就积聚力量逐步发展的，尽管这并非巧合，但许多公司已经开始意识到以下情况。

- 大多数客户的规模太小，不能采用高感性接触的、由人工主导的模式与之互动。
- 有些客户——以及客户的人物角色——不希望收到你的公司定期发给他们的季度业务审查，不愿意接听你的公司打去的登记电话，这些都是高感性接触客户成功的标志。
- 随着各公司的发展，它们需要通过更迅速地增加收入来提高利润，而不是更快地扩充它们的客户成功团队。

2020年之后，通货膨胀和利率不断上升加剧了经济的不确定性，软件即服务公司开始寻找新的办法来与它们的客户成功团队一起实现高效的增长。如今，许多公司正将数字化客户成功当成实现这一目标的手段。

随着数字化客户成功从原来的支持工单转移工具逐渐演变成能够应用到所有客户细分市场的更广泛的客户成功战略，你应当寻找一些领域，使自动化能在这些领域提高你的团队的工作效率。你应当想一些办法，使数字化工具和互动渠道（从电子邮件、聊天与门户网站到网络社群、视频、网络研讨会和应用程序内的指南等）能够将客户成功经理从平凡而重复的工作中解放出来，投入更多时间帮助客户实现实实在在的成果，缩短他们的价值实现时间。不过，从一开始，你就需要清楚地、有意识地了解，哪些活动最适合由人工来完成，哪些活动最适合由数字化工具来完成，以及怎样在各个部门之间进行劳动分工。这十分重要。

大多数数字化客户旅程首先通过基本的自助服务程序来消除重复劳动，这使客户能够在不依赖人工的客户成功服务或者客户支持的情况下就可以找到一些常见问题的答案。自动化的自助服务通常有以下选项：定期安排在上班时间前往客户的公司会见客户，在这些时候，客户可以向其他客户和客户成功经理或产品专家提问；使用支持文档和线上培训帮助客户在设置产品之前熟悉新的功能；指导客户制作包含普通任务的短视频；提供相关的文章和应用机器人程序。这些基本的自助服务项目使客户能够自己解决问题，同时互相帮助，让你用更少的人力去服务更多的客户。

从这个阶段开始，许多组织转而增加发送给客户的消息数量，将与普通客户的交流转换成自动的或半自动的交流，以增强新的/改进的功能，并且提高活动等的知名度。

包括Gainsight公司在内的一些公司还采用一种汇集的客户成功经理的模式。这是一种节约成本的支持较小规模客户的方式，具体做法是：集中一批客户成功经理，向大量客户提供更大规模的个性化体验。很多时候，这个汇集的客户成功经理团队还监测客户的运营健康状况和数据，并且在客户一旦偏离发展轨道时，就做好介入的准备。例如，如果早期的预警数据显示客户流失风险增加，那么汇集的客户成功经理团队中的某一位就可以根据这些信号加入进来，运行他们早已准备好的一个或多个计划。总之，汇集的客户成功经理团队监测客户的情况，在必要时予以干预，并且管理客户的一系列请求。因此，你在用数字化方法领导客户成功经理团队的同时，客户成功经理也做好了在必要时予以干预和提供支持的准备。

最后，汇集的客户成功经理团队可以成为某些特定功能或最佳实践的主题专家（Subject Matter Expert，SME），实现数字化客户成功资源的良性循环。根据客户需求和请求的一般规律，这些主题专家可以研发出模板化的资源，并自动向有需要的客户提供。

将数字化客户教育与数字化客户成功整合起来

今天，明智的公司使用数字化工具来扩展客户成功，并且将客户成功的责任在整个公司中分解，形成人人都为客户成功出力的局面。与此同时，这些公司中的大多数如今以新的视角来看待客户教育（Customer Education，CE），不但将其视为专业服务收入的驱动因素，而且将其视为最广泛意义上的客户成功的推动因素。在未来的全新的愿景中，数字化客户教育包含一些通过学习管理系统（Learning Management System，LMS）平台来推动大规模地引领客户、与之互动并留住客户的项目，与客户成功实现无缝融合。这是完全合理的，因为客户教育与客户成功在许多方面重叠。两个部门基本上在帮助客户采用公司的产品，以推动其实现期望的商业成果。正是这种一致的使命，使数字化客户教育成为数字化客户成功发展过程中的一个自然而然的组成部分。正因如此，Gainsight公司最近收购了领先的客户教育平台Northpass。

当前，许多B2B软件即服务公司在为客户提供关于自身产品与功能的培训方面仍然效率不高，有待优化。根据Gainsight公司开展的一项调查，70%的B2B软件即服务公司仍在使用传统的（人工的）方法来进行客户教育，其中，54%的公司需要客户成功经理本人管理客户教育项目。不过，随着各公司寻找新的方法来提升效率和生产力，大多数公司正着眼于减少客户成功和专业服务团队必须花在客户培训上的时间，同时增加这些团队专门用来为客户和他们的公司带来更大价值的时间。这种趋势有助于加强对数字化教育平台的使用，这些平台能够提供数据驱动的价值证明。

直到最近，仍有许多软件即服务公司的高管不愿意在数字化客户教育上投资，原因在于，关于其效用的一些问题尚未得到回答，这些问题包括：客户教育要放在公司的哪个部门？如果进行数字化客户教育，那么谁会使用？我该怎样测量它的投资回报？

有一段时间，这些尚无答案的问题阻碍了客户教育的发展取得突破。今天，这些问题可以得到有力的回答。

首先，我们相信，Gainsight公司收购Northpass并将其坚定地放在首席客户官分管的客户教育部门之中，解决了将客户教育安放在何处的问题，而且配备了一位杰出的、地位正在不断上升的高管。通过将数字化客户教育整合到客户成功、客户体验、客户中枢以及社群平台之中，软件即服务公司可以为客户提供无缝融入现有客户旅程的学习体验。

至于投资回报，我们观察到，客户教育影响三个主要支柱。

- 客户体验：高效的客户教育计划使客户能以他们希望的方式学习，也就是说，实现了个性化和按需调整。要监测的关键指标包括参加培训的客户在所有客户中的占比、培训计划的客户满意度、未参加培训与参加培训的客户的净推荐值对比。
- 运营效率：成功的客户教育计划降低了运营成本，释放了宝贵的时间。要监测的关键指标是客户成功团队在投资数字化客户教育计划之前和之后花在人工培训上的时间、支持工单的数量，以及客户成功团队如今可以专门用来培育与客户公司高管的关系、用例拓展以及发展客户代言人的时间。
- 收入影响：最好的客户教育计划可以推动收入增长。在这里，要监测的关键指标是培训对总收入留存率和净收入留存率的影响。

Gainsight公司负责客户教育战略的高级副总裁史蒂夫·康威尔（Steve

Cornwell）最近告诉我们：

得益于与客户教育的"联姻"，我们已经可以看到客户成功的前景。许多客户告诉我，在投资客户教育之前，他们的客户成功团队至少花费30%的时间来管理培训。在投资数字化教育之后，他们说："我们的客户成功经理如今花在培训上的时间为零。零，亲爱的。我们已经将那项至关重要的功能完整地集成到客户教育平台上，如今，这个平台可以做好培训的一切事务。"

这对你的客户成功经理来说意味着什么？

这意味着他们能够投入更多的时间来发展与客户公司高管的关系。这意味着他们有更多的时间来了解客户的企业有哪些优先战略，面临哪些困难和挑战，使他们能够精心设计更具创造性的解决方案，帮助客户取得成功。他们会有更多的时间将客户联系起来，找到他们的产品将支持的更多用例，这可以创造更多的扩展机会。他们还将有更多的时间参与代言计划、推荐计划和共同营销计划，以推动实现实实在在的成果，并且使这些成果显现出来，以促进口碑营销[1]。此外，一旦出现扩展的机会，客户成功经理就能够与客户的经理更加密切地进行合作。

软件即服务公司的领导者长期以来存在一种误解，认为客户教育是只有大公司、成熟公司才能做的事情。这种观念可能最早出现在数字化客户教育技术问世之前，那时，公司发展到一定规模之后，会招聘专门的员工来培训客户。在现实中，许多处在早期发展阶段的组织急需进行数字化客户教育。由于现代技术的发展，如今，哪怕只有50名或100名员工的公司，也能负担得起制订客户教育计划的费用。例如，Northpass在被Gainsight公司收购之前，客户主要由中小企业构成。

如今，数字化客户教育不再只是大公司才能做的事。它几乎适合任何

---

[1] 口碑营销（Word-of-Mouth Marketing）是指一种依靠消费者口口相传的营销方式，其成功与所使用的奖励方式密切相关。——译者注

规模的公司。

用数字化推出你的客户成功计划

我们经常听到客户提出的问题是:"我们要怎样从平凡中脱颖而出,也就是说,将数字化客户成功从一个抽象的概念发展成一系列具体的战略、技术和行动?你们告诉我们,要做一些特别的事情。你们告诉我们,应该结合一些新技术。我们该如何做?如果我们没有组建客户成功组织,甚至没有一位客户成功经理,我们该做什么?"

假如你在考虑从零开始组建一个客户成功部门,我们强烈建议你从数字化客户成功开始,而不从由人工主导的客户成功开始。你可以在不招聘客户成功经理的情况下,就推出你的数字化客户成功计划。你可以让营销部门或客户支持部门中的一名或几名员工来扮演这个角色。

首先是考虑开发一个基于网络的客户中枢,它是一个促进新客户引领的简单网站。如何让你的所有客户知道,现在他们可以到这个地方去寻求帮助?怎样让他们确信,你会继续在客户中枢上投资,而这个门户网站将包含他们成功使用你的产品所需的各种工具和所有内容?

一个答案是,搭建一个同时充当客户中枢的社群平台。

在考虑创建社群时,你的脑子里也许浮现了群组、子群、系列相关主题帖子等,其中,群主和管理员鼓励社群成员提出并回答各种问题。如果你的年纪足够大,那么也许会回想起在 Web 1.0[1] 时代首次流行起来的那些论坛和聊天室。如果是这样,那么忘了它们吧。今天的互动远比那时候复杂得多。得益于技术的发展,你可以用社群这个工具做很多的事情。例如,Gainsight 社群不但是一个常见问题答疑(Questions & Answers,Q&A)的论坛,而且是我们可以用来收集产品反馈、发布产品新功能和增

---

[1] Web 1.0 是个人电脑时代的互联网,用户利用 Web 浏览器通过门户网站,单向获取内容,主要进行浏览、搜索等操作。用户只是被动地接受内容,没有获得互动体验。——译者注

强功能的投票工具，使客户可以直接影响我们的产品路线图的发展方向。

我们的一个客户将这种理念更进一步，它就是Gong公司，是一个专注于"销售对话智能"的平台。该公司充分利用Gainsight工具创建了一个客户中枢。这个客户中枢不但是客户可以找到问题的答案的地方，而且提供一些有关客户引领的工具，并鼓励客户积极代言。如果你想把Gong公司推荐给某位同伴，那么可以到该公司的客户中枢去，了解怎样、何时、何地进行推荐，并且了解你会因这种推荐行为而获得怎样的回报。这样一来，Gong公司的客户中枢除了为客户提供一个回答论坛，还作为一个互动的中枢，为客户引领、客户培训、客户代言提供多媒体资源。

一旦推出数字化客户成功计划，就要充分运用新的客户成功工具来向客户交付关键的用例。例如，你可能希望新客户一开始就熟悉你的产品和社群。那么，当客户引领的程序开始启动时，你可以通过应用程序内置的攻略来为他们提供切合实际的指导，帮助他们更快实现价值。随着客户在你的平台上学习，他们需要的所有文件都可以通过点击几下鼠标就能获得，因为这些文件由一个应用程序内置的知识中心机器人程序提供。随着客户越来越熟悉你的产品，他们可以收到新的功能公告和有关攻略的提醒，也可以在应用程序内进行客户反馈。

在社群发展的早期，积极参与其中的客户将受益，他们可以提出问题、获得答案、提交点子，并最终成为你的公司的忠实代言人。你所有的产品和社群活动都可以实现自动追踪，并同步发送给客户成功部门，在那里，你的客户成功经理将准确地知道每位客户在他们的旅程中的进展。不仅如此，如果某位客户偏离了期望的客户引领流程（或者任何其他路径），你的公司可以自动地将他引导到一个包含数字化接触和人性化接触的旅程之中，使客户成功经理可以容易地监测对产品的使用在哪些方面出现下滑，或者客户是不是难以学会和使用某些特定的功能。

由于这一点，你的公司可以使客户成功经理的效率提升到令人难以相信的地步，并且只有在必要时才将客户成功经理引入流程之中，以弥补公司的数字化技术的不足。而这种人工的介入，可以迅速且容易地扩大或缩小。最终，通过自动化、整合、赋能由数据驱动的行动来促进主动监测并减少流失，数字化客户成功实现了用更少的人力和资源做更多的事情。

将你的社群作为第三空间

世界知名咖啡公司星巴克（Starbucks）一度将自身定位为"第三空间"。顾客有家，有工作场所，还有星巴克。在这里，他们可以处理工作并放松身心。

有了数字化客户成功，你也可以创造"第三空间"，在那里，你将所有由人工主导和由数字化主导的活动集中起来。这样一来，和你将所有的客户成功工具都分散到不同团队中使用且它们之间没有联系相比（今天通常是这种情况），你的客户可以获得更多的价值。将所有这些资源集中起来，不仅能改进客户体验，而且能把客户成功经理从耗时的、烧脑的枯燥工作中解放出来。如果没有"第三空间"，你的许多客户成功经理可能会陷入困境之中，要手动向客户发送电子邮件和/或逐一打电话，告诉他们许许多多的事情，这涉及从客户引领的各个环节到发布的产品新功能，等等。一旦有了"第三空间"，客户成功经理就可以将他们的时间专门用来凸显社群的价值，并且推动客户通过点击通向所有多媒体内容的链接来获得自助服务，这些多媒体内容包含学习管理系统的内容，如涉及培训和最佳实践的视频、指南、电子书和博客文章等。所有这些都可以根据客户期望的结果、用例、成熟度等来量身定制。

发布招聘广告是许多社群的另一个重要功能。在社群内发布招聘岗位和申请岗位的帖子，加强了社群中的互动，营造了一种你的公司正在蒸蒸日上的氛围，这反过来又鼓励人们加入其中。

需要再次强调的是，你不一定必须组建一个完整的客户成功团队来建立和管理社群和/或客户中枢。这可以由营销部门或者某位客户成功经理来做。不过，话说回来，你确实需要某个人来设计、组织和更新所有的内容。

在成功创建"第三空间"，并告诉客户可以到这里来以后，问题变成了"我们怎样让客户习惯来这里"。

如果你能有效地做到这一点，通过发布一些资源并促进社群和/或客户中枢中的成员一对一互动，那么当然是最理想的。这些互动十分有益，而且强烈地吸引客户，使他们无须别人提醒，就一而再再而三地回到这里来。此外，你可以通过你的产品吸引客户来到社群/数字化的客户中枢，使用应用程序内的互动鼓励客户采取某个特定的步骤，或者从他们已经使用的某些功能中获得更多的价值。

例如，在Gainsight公司，在和某家使用了Gainsight应用程序的客户进行当面洽谈后，一条类似这样的信息会出现在客户的屏幕上："你对最近的见面洽谈满意吗？"这使客户能够迅速向我们发出信号，告诉我们到底有没有帮到他。我们不是通过电子邮件来发送这个快速的满意度调查的问题，然后寄希望于客户打开邮件并回答它，而是通过在应用程序内弹出消息来增加客户回复的机会。

如果你在2022年10月时是Gainsight公司的一位客户，你一定收到过应用程序内弹出的一条提示，它提醒你进入一个关于企业运营健康状况评分的操作环节。你可以依葫芦画瓢，在应用程序内发布你的数字化活动的消息，同时强调"我们的社群是你要去的地方"。换句话说，你将使用应用程序内的消息将两件事情——数字化的活动和社群——联系起来："想报名参加这次活动吗？去我们的社群报名吧"或者，"你知不知道，我们刚刚为你这样的客户发布了一则新的培训视频？到社群中点击观看吧"。

你甚至可以在应用程序内引领客户，从供应商那里购买这种功能，而不是必须用昂贵的工程资源从零开始创建它。应用程序内的客户引领是一种为客户创造更好体验的极为有效的方式。

你在频谱中的什么位置

我们原来的高科技接触图的修订版本不再像图1.1中所示的金字塔。它是一段频谱（参见图3.1）。在图3.1中，我们表达的是，你应当根据客户细分市场的情况和客户的需求来调整数字化与人工的客户体验组合的方式。如今，人人都在寻求数字化客户成功的体验。

客户怎样和你互动

由数字化主导，人工协助　　　　　　　　　　　　　　　　由人工主导，数字化协助

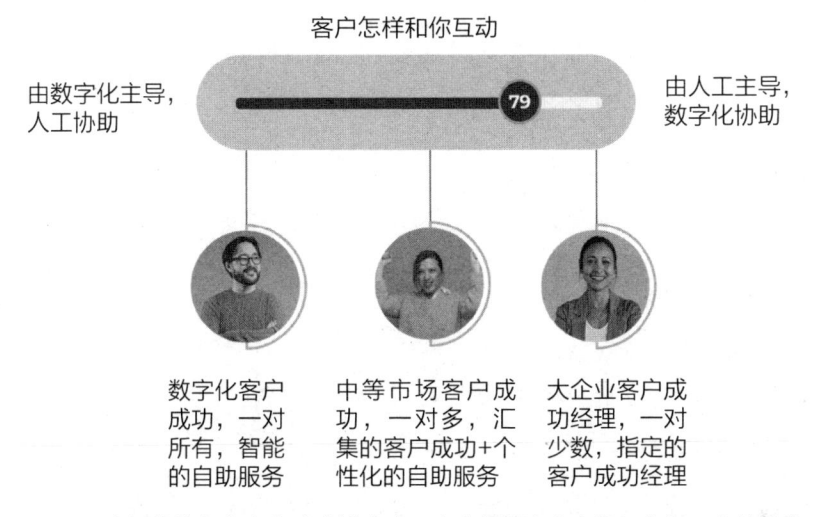

数字化客户成功，一对所有，智能的自助服务　　　中等市场客户成功，一对多，汇集的客户成功+个性化的自助服务　　　大企业客户成功经理，一对少数，指定的客户成功经理

图3.1　在新的数字化客户成功模式中，应当根据客户市场细分和用户的需求来决定由数字化主导和由人工主导的客户体验的组合方式

数字化客户成功不再仅仅是高科技接触（请从你的词汇表中将这个词删除）或者低感性接触。它不是专为你的中小企业客户设计的，也不是对客户成功经理的替代，因为对于与机器人交谈的想法，很多人并不喜欢。

数字化客户成功关乎在以人性化优先和以数字化优先之间取得适当的平衡，关乎使你的客户成功经理的工作效率来一次"涡轮增压"，使之大幅提升。

在Gainsightk公司，有一位客户成功经理负责与最大的客户公司IBM合作，该公司拥有数千名Giansight用户。如果做不到自动化，客户成功经理就必须培训每一位新客户，仅仅是这一项任务，就必须由全职员工来做。我们的客户成功经理会一遍又一遍地说："让我告诉你Gainsight是什么，以及怎么

使用。"这样的话，他们也许每天晚上在睡梦中都会反复说这些话。

测试你的数字化客户成功计划

为确保完全由人工主导的客户成功计划顺利地过渡到成功整合数字化的客户成功计划，我们建议你首先从试点项目开始，它着眼于低风险的情形和客户，然后，随着你的信心逐步增强，再进行扩展。

有的公司为了进一步限制风险敞口，只对新客户开展试点，以便从第一天开始就为数字化计划设定期望。或者，你也可以选择在技术客户角色（如系统管理员）身上测试你的计划，这些人往往对数字化客户成功体验保持开放。

为了防止测试对象觉得自己像不受欢迎的小白鼠，有的公司提供了交换条件。"你和我们合作，测试我们的产品并提供反馈，那我们将为你提供下面这些好处。"此外，有的公司并没有将它们的测试定位为测试。它们对客户不是这样说"你好，亲爱的客户，我们希望你加入我们的由数字主导的市场细分实验"，而是这样说"你好，亲爱的客户，这里是你的一整套新的资源。如果你需要帮助，欢迎通过［邮箱地址］联系［客户成功经理的姓名］"。

从客户的视角看，你正为他们提供所有这些全新的、令人惊叹的资源，如社群、客户群组及上门服务等。你不是把他们放逐到某个冰冷的数字化"地狱"。你不会让他们觉得自己是"二等公民"，得到的仅仅是二流的体验和三流的关注。远非如此！你向他们提供的是新的和令人兴奋的方法，帮助他们实现商业成果。你为他们提供的是个性化的体验，其中充满了各种便利的自助服务选项。

谁不想获得这样的体验？

需要重申的是，无论你选择用什么方式来启动，也不管你的目标客户是谁，或者你瞄准的人物角色是什么人，数字化客户成功的目标不是用自助服务取代人性化的互动，或者使客户陷入用交互式语音应答（Interactive Voice Response，IVR）推动的痛苦漩涡之中。数字化客户成功的目标是充分利用数字技术，助推你的公司成长，使客户成功团队可以聚精会神地提供更多个性化的服务，与客户进行更多高价值的交流。

小结

各公司在过去10年里一直实践的客户成功模式不再可持续。在2020年以前，典型的客户成功组织通过投入大量的人力来应对挑战。无论你的公司是否盈利，只要能获取更多的客户就行。如今，持续的利润和增长已成为投资者用来测量公司成功的标准。

如果客户成功是持续增长的引擎，那么通过整合自动化的流程和系统，一定会高效得多。

直到最近，数字化客户成功还通常被称为高科技接触。这是一种客户细分策略，它基于下面这种认识：普通的客户成功组织再也无法通过简单地招聘更多客户成功经理既为高消费的客户服务，又为低消费的客户服务。我们认为，时至今日，这种方法是完全错误的。即使它曾经正确，但最近的几次变迁也使它在现在已经过时了。

- 客户对他们消费软件的方式的期望已经改变。
- 科技已经发展，使我们能够以更加量身定制的、主动的方式来更好地服务客户。
- 由于经济的变化，现在更需要将人力资源投入最有价值的活动中。

无论客户是大企业还是中小企业，它们都希望以数字化方式互动。今天，几乎每一家有远见的公司都意识到，数字化客户成功对所有客户都有价值。

精心设计的数字化客户成功战略将：

- 扩大规模和提升效率，通过围绕单一真实来源对齐业务，明确全员的任务。

- 提高客户留存率，通过深入了解客户，使你能够主动引导他们获得价值，并且辨别早期的风险预警信号，有效减少大规模的客户流失。
- 提升用户体验和更多的产品采用，通过分析产品使用和客户情绪数据，创造有针对性的应用程序内的参与，从而推动客户行为发展，进行反馈，助推价值的增加。
- 增加扩展的机会，通过使用预测性的分析和工作流程，围绕成功客户的续约和扩展、减少收入的流失而做出更大的努力。

随着数字化客户成功从原来的支持工单转移工具逐渐演变成能够应用到所有客户细分市场的更广泛的客户成功战略，你应当寻找一些领域，使自动化能在这些领域提高你的团队的工作效率。想一些办法，使数字化工具和互动渠道能够将客户成功经理从平凡而重复的工作中解放出来，投入更多时间帮助客户取得实实在在的成果，缩短他们的价值实现时间。不过，从一开始，你就需要清楚地、有意识地了解，哪些活动最适合由人工来完成，哪些活动最适合由数字化工具来完成，以及怎样在各个部门之间进行劳动分工。这十分重要。

假如你在考虑从零开始组建一个客户成功部门，我们强烈建议你从数字化客户成功开始，而不是从由人工主导的客户成功开始。首先是考虑开发一个基于网络的客户中枢，它是一个促进新客户引领的简单网站。其次是搭建一个同时充当客户中枢的社群平台，这个平台包含客户成功采用和使用你的产品所需的各种工具及所有内容。

为确保完全由人工主导的客户成功计划顺利地过渡到成功整合数字化的客户成功计划，我们建议你首先从试点项目开始，它着眼于低风险的情形和客户，然后，随着你的信心增强，再进行扩展。

第4章

数字化客户成功的成熟模式

让我们把软件即服务公司涉足数字化领域的经历比喻为游泳。尽管大多数公司已经在数字化这条大河中迈出一只脚，试试水的深浅，但许多仍没学会游泳。虽然少数公司已经熟练掌握了先进的游泳姿势，但大部分公司还在踩水，有些还在水中挣扎。为什么？因为它们的客户成功战略仍然是被动式的，资源仍然是分散的。他们可能有一个用于客户支持的网站，一个包含最佳实践的网站，还有一个用于进行针对客户的常见问题答疑的网站。某位客户成功经理或许在他自己的电脑中保存了海量的培训指南等资料，而另一位客户成功经理则坐拥大量的电子邮件模板。总体上讲，这种方法是临时的，战略是被动的，对客户的影响，往好一点说只能是次优的，远远谈不上最优。在某些情况下，客户成功经理过度劳累，这只能唤起客户的同情心，没有很好地推动产生成功的结果。

如果说这种描述听起来像是你的公司或客户成功组织的情形，那么你可能深深陷入了我们在第1章中提到的迷离境界之中。尽管你现在可以使用数字化客户成功的资源，但仍处在被动阶段，并没有进入数字化客户成功的王国。在被动阶段，客户成功一般只在客户清楚地表述他们的需求之后，以一种即兴的方式，运用没有经过组织的和孤立的资源来响应客户。这导致出现低效率和糟糕的客户体验。

数字化客户成功的 3P

根据与许多客户的交流以及对行业的分析，我们创建了一种模式，帮助软件即服务公司辨别、理解数字化客户成功成熟度的各个阶段，并且在各个阶段稳步推进。我们将这种模式命名为"主动、个性化和预测"（参见图4.1、图4.2）。

- 主动阶段（Proactive Stage）：这是数字化客户成功成熟度的第一个阶段，在这个阶段，你的任务是提升客户的能力，使他们能够运用集中的资源和指南来使用自助服务。

第4章 数字化客户成功的成熟模式

- 个性化阶段（Personalized Stage）：这是数字化客户成功成熟度的第二个阶段，在这个阶段，你的任务是使客户能够进入不同的旅程，这些旅程借助数据实现了自动化，影响客户的行为，而且包括由数据驱动的、可扩展的、一对多的计划，这些计划在产品中（并且围绕产品）被整合到一起。
- 预测阶段（Predictive Stage）：这是数字化客户成功的最高阶段。到了成熟度的这个时刻，你要借助全渠道的技术提供的支持，设计一些智能的客户体验，以便极为迅速地推动客户获得他们期望的商业成果。

图4.1 向数字化的飞跃，是向更高的客户成功效率和更好的客户体验的飞跃

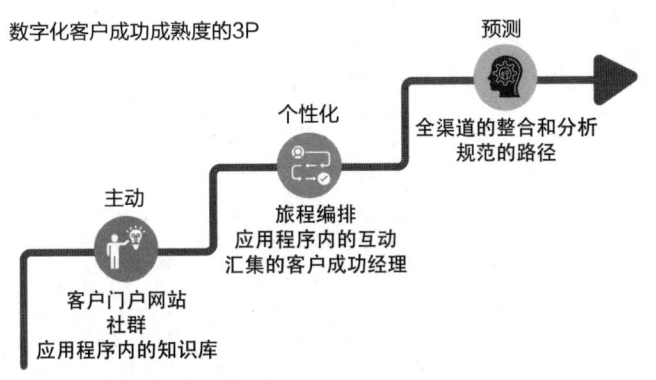

图4.2 数字化客户成功成熟度的3P：主动、个性化和预测

图4.3概括了这三个阶段。

	主动	个性化	预测
战略	使客户能够运用集中的资源和指南，实现自助服务	借助数据实现了自动化的不同的客户旅程	通过全渠道的技术推动的智能化体验
用例	• 提高多渠道的产品/功能的知名度 • 数字化的活动 • 统一搜索[1] • 指导的自助服务 • 总的社群计划	• 按岗位区分的采用计划 • 闭环的调查+代言 • 汇集的客户成功经理 • 基于客户的扩展活动（按岗位区分） • 社群集团	• 聚焦结果的采用程序 • 自助的价值实现 • 低感性接触/无接触的续约 • 专属的客户门户网站
功能（Gainsight 产品的功能）	• 全方位的分享 • NPS电子邮件/应用程序内 • 内容中枢 • 知识库 • 在线社群 • 联合搜索 • 产品创意和更新 • 公告和活动注册 • 应用程序内的知识机器人程序，反馈和公告	• 分享成功计划和自拍 • 自动化的电子邮件计划 • 汇集的客户成功经理路径路线选择 • 调查和情绪分析 • 基于岗位的登录页面 • 客户群组细分 • 付费专区和试用 • 基于使用情况的应用程序内的指南，调查和产品合格线索（Product Qualified Leads，PQL）	• 多渠道的旅程编排计划 • 多渠道分析 • 自动的续约流程 • 内容推荐 • 会话型人工智能
要优先考虑的数据	客户层面的页面追踪，买家层面的联系人数据	客户层面的行动+联系人+岗位数据+客户目标	统一的客户端权利/目标使用+联系人

图4.3 尽管数字化客户成功的成熟度是一个线性的进程，可以在一个搜索框中同时搜索多个数据源或平台的信息。——译者注

---

1 统一搜索（Unified Search）是一种搜索技术，可以在一个搜索框中同时搜索多个数据源或平台的信息。——译者注

主动阶段：让客户学会自助服务

主动阶段的主要目标是为客户提供基本的自助服务，以创造高效的、令人愉快的体验，在此过程中，客户能在正确的时间找到正确的资源。在这个阶段刚开始时，你甚至可能不知道哪些客户对自助服务感兴趣。没关系，这是他们自己要决定的事情。那些对自助服务感兴趣的客户可以使用以产品和客户为导向的各种资源。

- 客户中枢：它使你能够通过视频、网络研讨会和其他数字化活动等资源，建立一个一体化的客户目的地，从而提高客户借助自助服务解决自身问题的比例。
- 应用程序内的知识机器人程序：通过嵌入产品中的知识库、指南、文章以及其他工具，帮助减少支持工单的数量。
- 社群的常见问题答疑/讨论：这使你能通过在客户之间促进一对一讨论，增加客户的自我服务，并增强与他们的互动。
- 联合搜索与整合：通过为客户提供搜索方法，使他们能在客户中枢、社群以及其他外部内容之间进行搜索，这节省了客户的时间，减少了客户提交的客户成功工单和支持工单。

如我们在第3章中看到的那样，当电话记录和收入情报平台Gong公司开始转型，从被动阶段转向成熟度中的主动阶段时，它倾向于社群，以便在客户之间推动进行更有意义的互动。过去，尽管Gong公司的客户希望有个地方分享经验和相互学习，但该公司现有的技术栈是相互断开的，客户难以找到他们苦苦寻找的东西。在内部，Gong公司的客户成功团队面临的一个挑战是围绕客户的需求保持跨部门的沟通协调，以及维持现有的工作流程。因此，当Gong公司跨过门槛，进入主动阶段时，他们将社群从一个在很大程度上被专门用于进行常见问题答疑的论坛，转变成了一个集中各种资源的客户中枢，并且充分利用与联合搜索的关键整合，使内容易于被发现和搜索。

因此，Gong公司36%的客户如今正参与社群事务，这提升了留存率和产品黏性。该公司在线社群主管尼莎·巴喜（Nisha Baxi）指出，今天，公司对客户中枢的活跃用户的向上销售比例比非活跃用户高出3倍。她补充道："因此，我们在追踪那些数字，并且发现留存率更高了。"

同样地，专门从事学习系统业务的软件服务公司Docebo的客户，希望采用一种更好的方式来相互联系，分享最佳做法，提出问题，并提供产品反馈。Docebo需要一种既直观又易于执行和坚持下去的解决方案，还希望能够发展壮大。出于这一目的，公司采用以下方法积极响应：力推一对一的客户支持以及与其社群中的常见问题答疑论坛互动，使用产品更新和创意改进产品团队与客户的互动，并充分运用联合搜索，将客户带到知识库，在那里，学术和社群的内容全部综合在一起。

Docebo的客户教育和宣传部门的前高级主管亚当·巴尔豪森（Adam Ballhaussen）说："Docebo的社群为客户增加的价值，不仅仅局限于我们的产品和服务了。"他补充道："通过社群，我们的客户可以找到其他志趣相投的个人，这有助于他们在自己的岗位上取得成功。这一业务生态系统成为我们的客户的一种不可替代的资产，帮助提高留存率，对产品及服务进行宣传及代言。"

不到一年时间，Docebo就建设了一个人气爆棚的社群，在其中创造了1800条产品创意，一对一的响应增加了96%，每周有超过50人注册。

如果你想追寻Gong公司和Docebo的脚步，那么第一步是使你所有的内容都在社群平台/客户中枢中可以找到，从视频、网络研讨会到客户引领的指南和文章等，这样一来，任何人在平台上搜索时，都能容易且迅速地找到他们需要的信息。幸运的是，在成熟度的这个阶段，你不需要太多的客户数据，只需知道客户是什么人，以及你是不是可以在应用程序内追踪他们。数据对数字化客户成功极为重要，你绝不能在开始时就陷入缺乏数据的困境，这会阻碍你前进。你可以用极少的数据来创造卓越的数字化体验。例如，在主动阶段开始时，你不必知道客户是什么人，也无须了解客户在什么岗位上。你唯一的目的是在一个地方集中相关的内容，使客户能够获得自助服务。

个性化阶段：使正确的人获得正确的信息

一旦你进入个性化阶段，在一个地方简单地征集标准化资源，就已经不再重要了。此时，你要根据对不同客户的了解，为他们量身定制资源。假设客户是一位管理员，你要向他们发送产品功能的发布说明，这样的话，你向他们发送的东西，要不同于向高管或最终客户发送的东西。我们说按岗位来区分采用计划，就是这个意思。

个性化阶段广泛地利用一对多的计划，该计划专门用于指导特定的客户，使其通过可扩展的互动来实现价值。这些互动的例子包括：

- 嵌入式的知识中心，使用排序的应用程序内的机器人程序和电子邮件，缩短客户的价值实现时间，提升产品黏性；
- 应用程序内的产品交流，通过充分利用应用程序内的调查和产品更新信息，在你的整个客户群体中大规模地收集客户的反馈；
- 基于岗位的登录页面，为你的客户集中所有的资源和任务；
- 电子邮件营销活动，通过采用、发布等一对多的营销活动，有效地增强你的影响力；
- 汇集的客户成功经理模式，通过分布式汇集的成功模式，大规模地管理客户的账户。

在主动阶段，你可能向每一位客户发送一封电子邮件，指出"这里是产品最新发布的功能。所有的发布说明都集中在社群中"。然而，一旦进入个性化阶段，你要根据收集到的关于每一位客户的人物角色和岗位的信息，发送与他们密切相关的信息。

在数字化之前的时代，Gainsight公司常常在客户支持网站贴出发布说明，告诉客户即将到来的下一次产品发布是什么，以向客户发出提醒。接下来，我们将发布新的产品或产品的新功能。再接下来，我们坐等支持工单纷至沓来，从中了解哪些文件不合适，客户对哪件产品或者产品的哪一项新功能倍感挣扎，难以处理。

今天，我们的这个流程更加个性化了。我们首先从管理员开始，因为通常情况下，我们发布的新功能需要管理员先做一些事情。我们仅仅着眼于管理员，在应用程序内发出消息，告诉他们某项新功能可用了，但要想从中获得最大的价值，你首先要做好一些事情。过了4个星期，在管理员做好准备后，我们会向所有客户发布这项新功能。紧随新功能的发布，我们请求管理员就发布的时间和质量发表评论。

这些全都可以在应用程序内（有时候通过电子邮件）完成。它不是由客户成功经理人工完成的。这是一个典型的例子，能够说明怎样以可扩展的方式将计划个性化，坦白地讲，光靠一名客户成功经理不可能做到。

另一家名为Dealerware的公司成功跨入个性化阶段。该公司是一个车队管理平台，于2016年创建。公司成立后，市场对其产品响应热烈，使公司的客户在几年时间内从3名发展到上千名。这种涡轮增压式的增长，给客户成功团队带来了巨大的挑战：他们必须优化计划的执行机制，并且在不使公司因增加额外员工而投入大量资源的前提下，让客户获得价值。不过，为了做到这一点，他们需要深入地了解客户实际上是怎样使用其产品的。

幸运的是，Gainsight公司的产品分析和互动平台，为Dealerware提供了正在寻找的使用数据，以及改进客户旅程所需的深刻观察。如今，该公司能够深挖客户数据，查看特定的活动和行为。其可以发现客户在使用产品时究竟在什么时候陷入困境，也就是说，客户在完成哪些步骤时需要的时间超出一般水平。同时，他们可以基于使用应用程序内的互动和培训秘诀来监测客户的互动情况。Dealerware还通过及时的通知和应用程序内的指南来改进产品使用情况，并且借助调查来获取客户的直接反馈与意见。

此外，Dealerware可以根据客户属性来细分客户，并确定适合与哪些客户进行潜在的向上销售互动。这些向上销售互动包括发出一则行动号召，将最好的潜在客户直接与销售部门联系起来，使其可以直接通过知识中心机器人程序下订单。销售代表也可以根据这种互动的情况触发自动跟进的电子邮件。所有这些都能在应用程序内完成，不需要人工，从而节省了员工的宝贵时间，节约了公司的内部资源。

该公司客户成功战略和运营部门经理摩根·雷德瓦恩（Morgan Redwine）说："我们知道，我们有更好的机会在应用程序内与客户接触，而不是只让他们去读那些冗长枯燥的电子邮件。"

因此，我们将最佳做法转变成交互式的、有针对性的互动，而我们的客户实际上参与了这些互动。客户反应迅速，我们的最佳做法有90%的点击率。与我们通过电子邮件发布这些内容相比，互动性提升了260%。现在，我们可以开始真正地测量我们为优化运营付出的努力所产生的影响。我们用"新手入门"板块和知识中心机器人程序获得了97%的培训互动率，不但如此，仅在去年一年，我们的年度经常性收入和客户成功向上销售的营业收入超过了12.8万美元。

今天，我们的客户旅程在技术和人员的配备之间实现了很好的平衡。现在我们能够通过类似于应用程序内的调查及互动等工具来化解风险，推动投资回报。我们真正能将客户旅程带入下一个层次了。能够将应用程序内的高科技接触与我们的客户成功战略整合起来，对我们来讲，没有别的，只有双赢。

另一家软件即服务公司TigerConnect为医院和其他医疗保健组织服务，需要制定一套解决方案来提高客户成功团队的效率，减少电子表格和客户成功经理说明的数量，扩大与客户交流的规模，并且追踪客户的运营健康状况——所有这些，都放在一个中心位置。特别是，客户成功经理浪费了大把时间发送电子邮件，而不是聚精会神谋大事、加强培训或者想办法，做一些能够改变局面的事情。

在采用一对多的电子邮件的个性化方法后，TigerConnect发现，方法的复杂性提高了，产品功能的"黏性"提高了，净推荐值增加了，客户留存率提升了，代言产品的现象更多了。同样令人印象深刻的是，公司的客户成功经理的效率提高了10%，每周的管理时间减少了20小时。

个性化阶段需要的数据显然比主动阶段多。在这里，你得知道客户用你的产品做什么，也就是知道他们在点击什么。你还得知道他们的岗位。理想的情况是，你要知道这个人的目标是什么。

如果说主动阶段关系到使客户能够使用自助服务，那么，个性化阶段关系到让正确的人在正确的时间获得正确的信息，这意味着，这些人在签下合同的那一刻就会收到一封自动发出的欢迎邮件："亲，你能成为我们的客户，真是太让人兴奋了！现在，你可以立马做三件事情，开始成功地使用我们的产品。"（参见图4.4）

在由人主导的方面，汇集的客户成功经理模式是在这个阶段被采用的一种卓越策略。不要向每一位客户成功经理分配（比方说）10名指定的客户，而要构筑一个由5名客户成功经理组成的"池"，由他们负责管理500名甚至1000名客户，并根据专业领域（比如产品专业知识、行业专长和培训等）的不同，将客户提出的问题分配给不同的人。你还可以根据每位客户成功经理擅长哪一项客户成功的活动来分配工作，例如，一个人负责进行电子邮件营销活动，另一个人负责制作和分发培训手册。

社群集团是另一种非常适合个性化阶段的策略。当客户在他们的旅程中逐步向前时，集团项目是一个卓越的工具，能够帮助你更好地理解客户需要什么样的关键最佳实践。与其针对每位客户进行一对多的最佳实践的讨论，不如采取基于集团的方法，其中，群组以有序的方式进行关键的讨论。采用这种方法，他们不仅可以从你的观点中获益，而且能够进行一对一的社交，这在将来可能会被证明是极有价值的做法。你可以通过吸引这些客户加入你的社群，进一步鼓励建立这种关系。虽然这并不是一套完全数字化的战略，却是实现一定规模的一种高效的、有效的、越来越受人欢迎的方式。它还是"数字化＋人＝规模"的一个极好的例子。

Gainsight公司

欢迎加入Gainsight大家庭！
来自Gainsight公司

凯莉·卡波特
Gainsight公司首席客户官

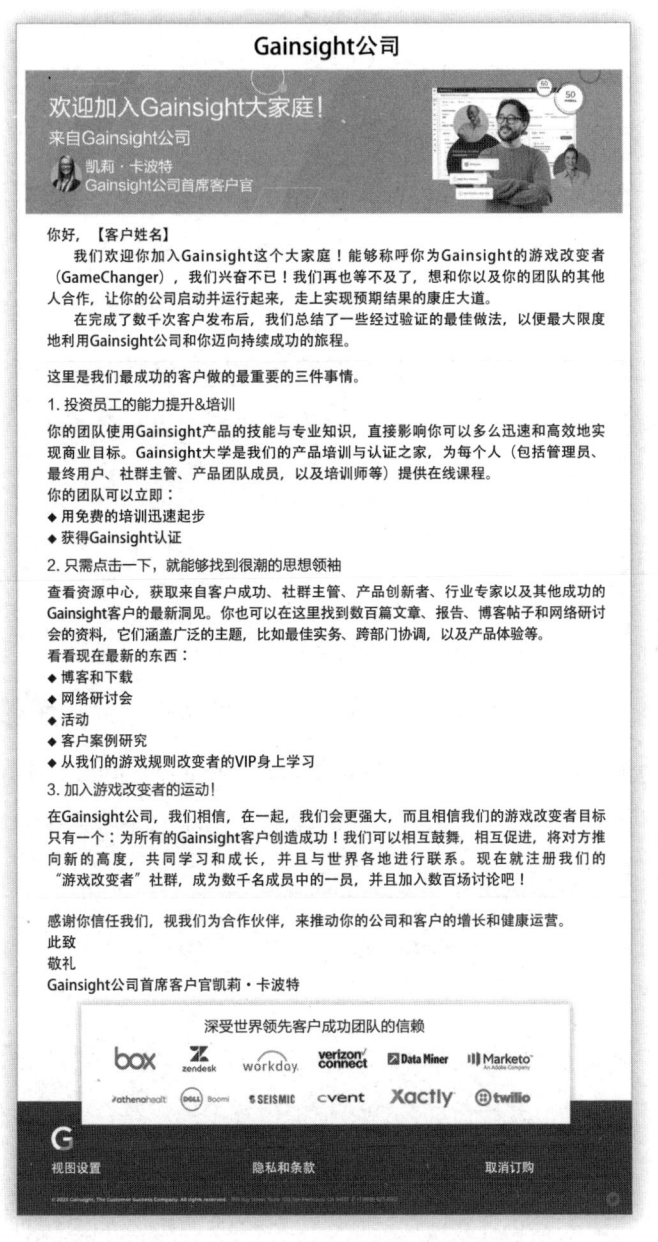

你好，【客户姓名】

我们欢迎你加入Gainsight这个大家庭！能够称呼你为Gainsight的游戏改变者（GameChanger），我们兴奋不已！我们再也等不及了，想和你以及你的团队的其他人合作，让你的公司启动并运行起来，走上实现预期结果的康庄大道。

在完成了数千次客户发布后，我们总结了一些经过验证的最佳做法，以便最大限度地利用Gainsight公司和你迈向持续成功的旅程。

这里是我们最成功的客户做的最重要的三件事情。

1. 投资员工的能力提升＆培训

你的团队使用Gainsight产品的技能与专业知识，直接影响你可以多么迅速和高效地实现商业目标。Gainsight大学是我们的产品培训与认证之家，为每个人（包括管理员、最终用户、社群主管、产品团队成员，以及培训师等）提供在线课程。

你的团队可以立即：
◆ 用免费的培训迅速起步
◆ 获得Gainsight认证

2. 只需点击一下，就能够找到很潮的思想领袖

查看资源中心，获取来自客户成功、社群主管、产品创新者、行业专家以及其他成功的Gainsight客户的最新洞见。你也可以在这里找到数百篇文章、报告、博客帖子和网络研讨会的资料，它们涵盖广泛的主题，比如最佳实务、跨部门协调，以及产品体验等。

看看现在最新的东西：
◆ 博客和下载
◆ 网络研讨会
◆ 活动
◆ 客户案例研究
◆ 从我们的游戏规则改变者的VIP身上学习

3. 加入游戏改变者的运动！

在Gainsight公司，我们相信，在一起，我们会更强大，而且相信我们的游戏改变者目标只有一个：为所有的Gainsight客户创造成功！我们可以相互鼓舞，相互促进，将对方推向新的高度，共同学习和成长，并且与世界各地进行联系。现在就注册我们的"游戏改变者"社群，成为数千名成员中的一员，并且加入数百场讨论吧！

感谢你信任我们，视我们为合作伙伴，来推动你的公司和客户的增长和健康运营。
此致
敬礼
Gainsight公司首席客户官凯莉·卡波特

深受世界领先客户成功团队的信赖

box　zendesk　workday　verizon connect　Data Miner　Marketo
athenahealth　DELL　Boomi　SEISMIC　cvent　Xactly　twillio

视图设置　　　隐私和条款　　　取消订购

图4.4　来自Gainsight公司的欢迎电子邮件的示例

预测阶段：使客户更快获得价值

如果说主动阶段聚焦集中标准化的资源，让客户自己去思考他们需要什么资源，个性化阶段则足够了解客户，能辨别他们的目标并随后指引他们实现这些目标，那么，预测阶段聚焦预测客户必须做什么，才能使价值尽快最大化。现在，你正在竭力将客户想要的东西与他们需要的价值结合起来，迅速将他们转变为忠诚的、消费更高的客户。

例如，如果某位Gainsight客户使用了我们的某件产品，并且每天都用它来控制风险，但并没有用来辨别扩展和向上销售的机会，那么我们知道，他面临一个问题。这是因为，客户忽略了关键的价值来源。因此，我们说预测的意思是，一旦你了解了客户的目标，他们从你的公司购买了什么，以及客户是什么样的人，那么，你现在就能以一种将他们的目标和你的目标保持一致的方式，来引领他们使用你的产品。这样，你就能以比从前更快的速度提供他们想要的和需要的价值，以及你想要和需要的净收入留存率。

在预测阶段，你将使用的计划如下。

- 智能的旅程编排，通过人工智能推荐的客户旅程，推动客户朝着他们期望的目标前进。智能旅程编排（Intelligent Journey Orchestration）是一个由数据主导的策略，它预测来自所有渠道的客户的行为，以便实时地提供高度个性化的旅程推荐。
- 应用程序内的内容推荐，通过应用程序内推荐的内容，加快客户实现价值的步伐。
- 单一的数字化目的地，将你的客户与社群、产品及你的团队无缝连接起来。例如，登录页面客户中枢提供集中的、整合的数字化体验。
- 多渠道的分析，测量你的数字化营销活动的影响并找到归因。

当网络安全公司RiskIQ想要扩大其客户成功运营的规模时，它执行了一个旅程编排策略，以降低面向客户的活动的成本，并将其人工的客户运营健康指数转换成自动的运营健康状况记分卡，使其净收入留存率增长了一倍多。

你可以同时占据多个成熟度的层级

你将在预测阶段使用的某些方法和工具，很可能在被动阶段就已经使用了。例如，在Gainsight公司，我们长期以来在寻求向某位存在流失风险的客户发出早期预警信号。然而，当我们到达主动阶段时，我们的目标不仅仅是通过精心设计的干预措施来防止客户流失，而且要主动地确定扩展的机会在哪里。等我们进入个性化阶段，由于已经了解了客户，因此更擅长确定扩展和向上销售的机会在哪里；到了预测阶段，我们能够精准地预测我们以及我们的客户（在关系建立之初）必须做些什么，以便缩短价值实现时间。

因此，和人类从孩提时代到成年时代要获取技能和知识一样，随着你的公司从数字化客户成功成熟模式的被动阶段一直发展到预测阶段，你的公司和客户成功组织也将获取不同的数字化技能、资源及最佳实践。这是一个线性的发展进程，但你可以（而且可能会）在任何特定时间占据成熟度的多个层级。换句话讲，随着你的公司向前发展，你的数字化客户成功系统、流程以及行动，也将体现在成熟度的各个不同阶段。

例如，也许你的自助服务流程要追溯到你到达主动阶段的那一刻，而你的客户引领工具和设计则更加个性化。与此同时，或许你还没有将自动化应用到续约流程或者增加采用率的过程之中。这都很正常。

随着你一路向前发展，我们建议你和你的团队持续不断地回顾客户旅程，以便从提高效率的角度确定你的客户当前正在做什么、应当做什么。在这个基础上，你可以决定哪种数字化战略和哪些用例最适合用来解决问题。你可能会说："我认为我们在客户引领方面需要更加主动一些。我们应该怎样改进流程，运用数字化技术来提高效率？我们可以采取哪些措施？采取这些措施时，又需要哪些人力、技术和财务资源，以实现这些改进？"

为了达到这一目的，在接下来的章节中，我们建议你可以在启动成熟度的每个阶段时采用几种不同的方法。这里的想法是，你可以从个性化的解决方案开始，改进客户旅程的某个方面，同时将主动的解决方案应用于另一个方面。例如，你可能决定，根据客户的不同人物角色发送一些欢迎电子邮件，以帮助客户引领（这是来自个性化阶段的用例），哪怕这个时候你已经到了继续优化主动阶段的流程和系统的时刻。这些欢迎邮件是使你涉足个性化领域的绝好方式，即使你还没有熟练掌握在主动阶段的"水域"中"游泳"的各种姿势。

奥克塔公司通向数字化成熟度的旅程

大约四年前，当梅丽莎·艾伦（Melissa Allen）加入奥克塔公司担任客户成功运营部门的高级主管时，80%的客户并没有客户成功经理为其服务，也没有数字化接触点。认识到这是个没有得到充分利用的机会后，艾伦率先推出了公司的第一个数字化客户成功计划。

艾伦说：

我们从简单的电子邮件计划开始，从那时起，就已经真正地实现扩展了。一开始，我们只是竭尽全力地去接触那些没有客户成功经理服务的客户，但很快我们认识到，数字化客户成功绝不应当是服务某个客户细分群体那么简单。它得成为一个战略，一个在我们支持客户成功经理的同时用同样令人惊叹的数字化体验为所有客户细分群体提供服务的战略，让数字化旅程成为他们已经添加的内容的补充。

今天，我们拥有了非常专注的、定制的电子邮件来服务客户，以方便其使用产品，同时，在某些计划结束之时还有汇集的人工接触，以辅助日益增长的使用需求。我们还在应用程序内发送消息，有时候与电子邮件计划协同运用。在另一些时候，我们只重点关注应用程序。这些计划使我们能够基于个人的客户角色来定制消息，如果你是管理员，应用程序就会提示你这么做。如果你是一位普通用户，那么这取决于你的权限设置情况，你可以定制消息，使它与你相关，而不仅仅利用通用的消息。

最近，我们为客户录制了定制的视频，并用电子邮件将这条视频发送给客户。只要打开视频，它就能提取数据，并且可以运行这一视频，它是为接收它的客户定制的。我们还创建了一个协作的成功中枢，在其中保存我们的季度业务审查（Quarterly Business Review，QBR）的资料和网络视频录像机（Network Video Recorder，NVR），以及一些单页纸文件，比如企业价值报告等。客户可以随时登录并访问，客户成功经理也能向其中添加内容。我们的数字化增长团队可以大规模地创建单页纸的文件，并将它们保存在那里。这是一个巨大的成功。上一个季度，我们保存在成功中枢的单页纸文件和季度业务审查资料，获得了超过1万次的浏览量。

奥克塔公司的数字化增长团队是数字化客户成功的主动助推者。他们决定内容、路径和人物角色，运营团队与数字化增长团队、数据团队、业务系统团队密切合作，决定哪些数据可以整合到Salesforce 或Gainsight软件中，以制订几乎量身定制的数字化计划。

在我们将数据输入Salesforce 或Gainsight软件后，那些程序可以对客户说："我们注意到，你激活了这个功能。太好了。这个功能怎么样？"现在，一些数据能够告诉我们，客户激活了X功能，但没有激活Y功能，因此，让我们向客户发送一封定制的电子邮件，告诉他们这件事情，这有助于他们继续使用。

我们还有一个内容团队，它帮助我们确保发送的信息与奥克塔公司发送的信息保持一致。另外，市场营销部门也参与了公司的品牌建设方面。我们没有在自动化电子邮件中开展营销工作，但保证这些电子邮件与奥克塔公司的品牌保持一致。我们想让所有信息看起来来自同一家公司。

我们做的另一件事是让客户成功运营团队在每个季度制定Gainsight产品路线图。我们每隔两周和这个团队的成员见面交谈，以确保一切事情按轻重缓急排好序，并确保所有不同的团队都在顺利地开展合作。换句话讲，数字化客户成功不是客户成功运营团队的几个人在做的有关数字化增长的事情。这是一项全公司所有员工都要参与的行动。

艾伦是怎么扩展数字化计划的？

起初，你得退后一步，看一看你的关注点是什么。

我们希望提供丝滑的客户引领体验。我们想让客户使用他们购买的产品。我们想让他们看到自己购买的产品的价值。因此，我们会认真对待这些关注点，而且会问自己："我们怎样围绕这些事情来制定关键业绩指标？"

为了扩大定制和自动化的规模，我们使用了一些模板。根据可定制的功能，这些模板有众多不同的变体。突然之间，我们只需要制订一个数字化计划了。过去，我们需要制订20个计划，去做我们现在只用一个计划就可以做的事情。这使我们拥有了很大的可变性，而且许多东西都可以定制，这确实有益于规模的扩大，好比触发因子的自动化一样——无论是基于事件的触发因子，还是基于时间的触发因子。一旦你发起营销活动，就要先停下脚步，退后一步，观察一下结果，然后再决定是不是需要迭代。

至于指标，我们关注在特定的时间段内进行了多少次数字化互动。我们会问："上个季度，我们进行了多少次数字化互动？上个财政年度呢？和上个财政年度相比如何？"接下来，我们决定是否需要迭代，甚至重新开始。也许有的东西不像过去那样了，因此，我们可能把它拿出来，然后放一些别的东西进去。这使我们可以真正地进行分析，并且必要时调转方向。

迄今为止，我们已经了解到，参与互动的客户，也就是那些打开了电子邮件的公司，和那些没有打开邮件的公司相比，继续签约的比例更高，运营健康状况更好，激活的功能数量更多，采用率也更高。令人兴奋的是，这还只是刚刚开始。创建了一个定制的旅程后，可供我们提取的数据太多了，我们可以抓住的东西也有很多。今天，我们发送的信息是极为相关的。显然，信息越是相关，客户打开看的比例就越高，他们会使用的概率也越高。

展望未来，我们希望用视频来探索更多的可能性。视频真的能吸引人。我觉得我们在做视频方面才刚刚起步，当然，我们也有兴趣了解可以怎样充分利用人工智能。我们才刚刚开始探索各种各样的可能性。

"完美是优秀的敌人"[1]

数字化的客户成功可能十分复杂，同时发展极为迅速。（我们是这个领域的一家领先的公司，对我们来说，有时候真的感觉它十分复杂！）也就是说，你没有理由不进入这个领域，而且要迅速进入。这取决于技术的进步速度，尤其是人工智能的发展速度，要达到完全的数字化成熟（这意味着到这个时候，所有的事情都是可预测的）可能需要数年时间。与此同时，不要原地踏步。别担心你的所有数据是不是正确，或者你是否已经创建了完美的客户旅程。

牢记"完美是优秀的敌人"，在接下来的章节中，我们将向你展示迅速开始行动的很多方法。例如，你可以在一星期左右的时间设置并推出一个应用程序内的机器人程序，这将为你和你的客户提供更加高效和愉快的引领体验。创建一个增强版的客户中枢。即使你在主动阶段只采取了小小的行动，也可以超前考虑如何将你的社群打造成一个更加个性化的入口。你可以设计一个数字化的目的地，根据客户的角色，建议他们下一步该做什么。

最起码，你可以从发送更加个性化的电子邮件开始。当然，这的确需

---

[1] "完美是优秀的敌人"是一句谚语，意味着过分追求完美可能导致无法完成任务或者取得优秀的结果，因为人们可能会由于害怕做不到完美而放弃尝试。——译者注

要一些关于客户类型的数据,但只要你收集了那些数据,就可以开始发起电子邮件营销活动,这样的活动,通过与每一位最终客户直接地、单个地交流,以加强与他们的互动。事实上,你可以运用数字化策略,着手优化当前的数据,并且获取更多的数据。例如,通过进行应用程序内的互动来确认联系人信息、客户的岗位,诸如此类。

人们不会在看你的电子邮件的时候想:"哦!这跟我压根没什么关系!为什么他们要不断地发送这种大众化的垃圾邮件?"个性化的电子邮件营销活动是你现在就可以着手做的事情。今天,我们没有理由等待,反倒有很多理由让你踏上数字化客户成功之旅。

小结

让我们把软件即服务公司在数字化领域中的涉足情况比喻为游泳。尽管大多数公司已经在数字化这条大河中迈出一只脚,探一探水的深浅,但许多公司仍然没有学会游泳。虽然你现在可以使用数字化客户成功的资源,但并未真正进入数字化客户成功的王国。在被动阶段,客户成功一般只在客户清楚地表述他们的需求之后,才以一种即兴的方式,运用没有组织的和孤立的资源来响应客户。这导致出现低效率和糟糕的客户体验。

根据与许多客户的交流以及行业分析,我们创建了一种模式,帮助软件即服务公司辨别、理解数字化客户成功成熟度的各个阶段,将这些阶段命名为"主动阶段、个性化阶段和预测阶段"。

在数字化客户成功成熟度的主动阶段,你的任务是使客户能够利用集中的资源和指南使用自助服务。

在数字化客户成功的个性化阶段,你的目标是使客户能够进入不同的旅程,这些旅程借助数据实现了自动化,并影响成功客户的行为。这些旅程是由数据驱动的、可扩展的、一对多的计划结合起来的,它们在产品中(并且围绕产品)整合到一起。

预测阶段是数字化客户成功的最高阶段。到了成熟度的这个时刻，你要借助全渠道的技术提供的支持，设计一些智能的客户体验，以便极为迅速地推动客户实现他们期望的商业成果。

随着你一路向前发展，我们建议你和你的团队持续不断地回顾客户旅程，以便从提高效率的角度确定你的客户当前正在做什么、应当做什么。从这里开始，你可以决定哪种数字化战略和哪些用例最适合用于解决问题。

第5章

启动数字化客户成功计划的主动阶段

第5章　启动数字化客户成功计划的主动阶段

> 主动阶段
> **战略：** **客户自助服务**
> **关键用例：** 使客户能够进行自助服务
> 　　　　　　一对多地与客户交流
> 　　　　　　由数字化主导的客户引领
> **方法：** 链接到中央资源
> 　　　　简单的电子邮件营销活动
> 　　　　应用程序内的清单

启动数字化客户成功计划，最难的地方在于想清楚从哪里开始。在Gainsight公司，我们每天都看到别的公司不知道从什么地方着手启动。我们一而再再而三地与客户合作，帮助他们制订数字化计划，但他们的回复很消极，比如，"我想设计一个更加个性化的电子邮件营销活动，但我不相信我的数据"，或者，"如果我要走数字化的道路，首先得拿出白板，绘制出每一段单一的旅程，构思计划中的每一个步骤，所以，我没有做好开始的准备"。在这些消极回复的背后，是所谓的"分析瘫痪"，究其根源，在于认为将挑战过于复杂或认为需要一下子就实现所有目标。

我们的建议呢？

别再过度考虑你面前的挑战和机遇，也别再幻想"一口气吃成个胖子"。相反，为你的数字化客户成功计划挑选一个合理的起点。在挑选这个起点时，要以客户面临的挑战为依据。同时，只要使用我们刚刚引用的一个或几个用例和方法，应对这个挑战就相对比较容易。正如卡尔文·柯立芝[1]所说的那样："我们不可能同时做所有的事，但可以马上去做一件事。"因此，与其坐在那里担心最新的客户满意度评分，或者为去年的客户流失率而烦恼，不如现在就去做些什么。让你的组织行动起来，进入数字化客户成功的主动阶段。

在数字化成熟度这个阶段，你的主要目标是提高客户留存率和满意

---

[1] 卡尔文·柯立芝（Calvin Coolidge）是美国第30任总统，以实施节俭和保守的政策而闻名，被誉为"静默卡尔文"。——译者注

度，并且缩短价值实现时间。实现目标的方法是改进客户引领的流程，提高产品采用率，提升客户找到问题答案的能力——不必联系你的公司的客户支持员工或者客户成功经理。要做到这些，你可以运用集中的资源和指南，提升客户使用自助服务的能力。

考虑到这一点，你的数字化客户成功旅程的第一步是选择某个你想要应对的特定的客户挑战，并且挑选最适合的一个或多个工具。

使客户能够使用自助服务

如果你想应对的最紧迫的挑战是为你的客户提供一种综合的方法以让其使用自助服务，并且就你的产品或服务开展培训，那么，"使客户能够使用自助服务"是你应当寻求的一个用例。我们在这里简要概括针对这个用例所采用的方法。

挑战

我们的团队不断地回答同一类问题，一遍又一遍地回答。为回答这类问题而提供一对一的支持的做法，并不是高效地使用团队的时间的做法，这限制了我们扩展的能力。

更糟糕的是，有时候，我们不能帮助客户找到他们需要的直接答案，因而增加了服务每位客户的成本。客户对这种低效现象也倍感沮丧，这迫使他们不得不去联系其他人并且等待回复，尤其是针对他们的问题没有快速解决方案的时候。

解决方案

对客户来讲，要采用一种在集中的数字化资源中心找到答案的简单的自助服务方式。这使用户想要的答案显现出来，为用户提供了实时的支持，并使他们能够通过我们的社群快速访问一对一的教育培训资料。

重要的人物角色

- 售后服务部门领导者和客户成功部门领导者。
- 客户成功运营部门领导者。
- 客户成功经理和支持经理。
- 社群主管。
- 教育服务部门领导者。
- 产品部门主管。

之前的情形

- 面向客户的团队花最多的时间来响应客户一再提出的同一类问题。
- 客户无法自行找到答案,因此需要转向人工的客户支持人员来寻求各种帮助。
- 客户不得不在多个分散的地方寻找资源,以便找到他们面临的问题的答案。

之后的情形

- 团队会发现,支持工单转移的现象增加了,这最终减少了他们的工作量,降低了相关成本。
- 客户可以使用自助服务,并通过社群和一对一的资源加强互动。
- 内部团队可以腾出时间,优先从事对客户来说具有更高价值的活动。

优化自助服务的 4 个步骤

你怎样在自己所在的组织推出或者改进自助服务?这里是4个有助于你提供卓越自助服务和进行更高层次用户互动的步骤。

1. 利用社群中的专业知识。对大多数B2B的软件即服务公司而言,与客户的交流包括网络研讨会、聚会以及面对面的活动。这是这些企业的传统。说到收集客户对你的产品和服务有着怎样的了解等信息，圆桌会议是一种主要方式。然而，正是在这些方面，在主要由客户组成的在线社群诞生后，游戏就改变了。还有谁能比那些每天都在实际使用你的产品的人更好地提供关于产品的建议，并且回复相关的提问？

在线社群为客户提供了一个透明的平台，其中，他们可以互动并分享最佳实践，同时也和你分享。此外，你的客户成功团队能够轻松地在社群中发布公告，确保客户持续掌握任何产品的变更情况或者有关新功能的情况。这降低了客户与你的团队直接接触的可能性。

让客户在社群中围绕最佳答案进行投票，可以通过提高客户自助服务并相互帮助的能力，加强他们之间的互动，并减轻你的客户支持团队的压力。此外，在线社群在客户中营造了一种归属感，让他们觉得自己是某个感兴趣的互动群体中的一分子，这本身又推动了互动（有的软件即服务公司为了在社群中增强竞争性和联络成员之间的感情，会运用游戏化的策略授予超级用户定制徽章）。最为重要的是，充分发挥客户社群的作用，可以将当前发给你的团队的支持工单转移25%~50%。

2. 提供在线的知识库。 最大限度地用好自助服务的最终办法是在你的在线社群中收集被创造的所有内容，并用其来推动知识库或客户中枢发展，这好比建设一个一站式的内容超市，其中，你的客户可以立即访问相关资源，比如博客、具有思想领导力的文章、产品公告、客户引领信息、最佳实践视频，以及培训网络研讨会等。

3. 使客户能够轻松访问你的客户成功内容。 不用说，让客户能够轻松访问你的内容，是成功的自助服务的关键所在。如果客户找不到正在寻找的内容，那么这些内容就相当于不存在。但是，将一个生机勃勃的在线社群与知识库结合起来，你便能快速且容易地在你的整个客户社群中分发优质的客户成功内容，从操作指南、案例研究到提示、技巧和辅导课程，不一而足。使用应用程序内的知识中心机器人程序，你甚至可以在产品体验中直接嵌入内容，并且优化（或者简化）客户对社群和客户中枢的访问。

虽然社群可以充当那些寻找自助服务的客户的切入点，但重要的是客户旅程的所有阶段都支持客户。因此，只要客户进入了你的产品或网站，不论他们在哪里搜索，一定要让他们能够获取即时的和高度相关的内容。别让客户搜索太久，也别让他们在寻求需要的帮助时变得太难。在产品内、应用程序内和网站内的可嵌入小插件中主动地提供搜索结果，这些结果能够得到联合搜索功能的支持。除此之外，你可能想使用应用程序接口（Application Programming Interface，API），在客户需要的任何地方插入帖子、知识性文章和支持文档。

4. 确保客户服务经理或客服代表随时可以被联系到。要记住，数字化客户成功是专门用于补充而不是替代由人主导的客户成功和客户支持的。出于这个原因，要让客户总能以闪电般的速度联系到你的公司的人，不论他们在什么时候需要和这个人交谈。总是要这样！

B2C公司有时候在不经意间将客户赶进了"自动厄运循环"（也就是说，无论客户按下多少按键，也联系不到人工的客户支持代表），却侥幸逃过了客户的惩罚，但B2B组织不能这样来疏远付费的客户。尽管许多B2B客户渴望使用涉及自助服务的交互式语音应答选项来迅速找到问题的答案和完成易于处理的任务，但许多客户仍然想和一位支持部门的员工聊聊天（这是可以理解的），进行复杂的、高价值的互动。

虽然你的客户可以使用自助服务，但这并不意味着你应当完全中止和他们的互动。事实上，不论你的自助服务有多好，和客户保持联系都是提升幸福感和留存率的最佳方法之一。正因如此，至关重要的是确保客户支持和/或客户成功团队做好准备，以便在产品的其他使用者或社群主管帮不了客户的时候及时提供支持。

正如咨询公司麦肯锡（McKinsey）在一份报告中巧妙地指出的那样：

"在B2B的更为复杂的客户关系中,秘诀是在数字化的和人际的互动之间保持适当的平衡。"

Unqork公司释放客户中枢的力量

领先的无代码服务公司Unqork最近与Gainsight公司携手合作,将其客户社群升级为一个更加强大、更有吸引力的数字化目的地,以便通过扩展的内容产品和增强的一对一支持来加速对产品的使用,缩短客户的价值实现时间。尽管这一计划实施的时间相对并不长,但Unqork公司的客户中枢越来越受到客户的欢迎,从客户成功的角度来看,其也越来越高效。

Unqork公司的社群主管丹尼·潘克拉兹(Danny Pancratz)解释:

我们着力应对的挑战直接来自我们的客户。他们告诉我们,他们可以使用我们创造的许多优质的资源,但这些资源分散在不同的地方。他们说:"你们拥有所有这些好东西,但我的体验十分糟糕。为了管理从你的平台上获取的资源,我不得不建立10多个书签。"他们要求我们提供更好的体验,而客户中枢变成了我们的解决办法,因为它真的与我们向客户提供的也正是客户所要求的东西是一致的。

社群升级一年后,外部客户提供的答案的数量的占比从22%上升到80%以上。这减少了对内部专家的时间要求,使他们能将自己的注意力转移到只有他们才能回答的影响力更大的问题上。与此同时,Unqork公司将问题的回复率提升到了近30%,完成回复的比例接近100%。

此外,公司开始在平台上引入一系列实时的数字化内容,所有内容都被设计用于加强客户的互动,并且减少了售后服务人员必须耗费的时间,以便让客户掌握产品更新情况并且对产品知情。例如,公司如今向社群发放一系列短视频,一条视频阐述某个单一主题。到目前为止,实践已经证明这种微内容战略极为成功,应用范围扩展到员工举办的网络研讨会和网络直播,使内容更容易被找到和使用。75%的演讲者是社群的成员,但不是Unqork公司的员工,直播的参与率很高,参与者后来观看了数百小时的视频。

在系列短视频推出后不久,Unqork公司还开始在社群发表博客,让更多客户知道关于如何使用产品功能涉及的新资源及重要更新功能(过去,相关文件只能在其他平台上获取)。今天,"发布说明"每个月在博客上出现100~200次。大多数博客帖子能够获得250~300次的浏览量,总体而言,社区已成为Unqork公司发布文件的第三大流量来源,仅次于直接流量和谷歌搜索。

最后,为了使客户更容易地访问社群的客户中枢,Unqork公司的产品更新、数字化活动和其他内容如今都在搜索时可见且可索引,导航菜单可以向客户"显示"社群的内容,即使他们并没有登录。这使每月的用户流量增加了160%。

潘克拉兹说:

说到跨部门协调的管理,最重要的一件事情是帮助我们的客户。因此,围绕这个事情展开协调是排在第一位的,接下来拆解他们需要帮助的所有不同方法。这关乎建设一个富有凝聚力的客户中枢,创造一种客户中枢的体验。我的上一个职务是首席营销官(Chief Marketing Officer,CMO),我从这个职务中得到的一个很好的教训是,绝不能让客户看到你的组织结构图。这正是我们当时的情况。我们需要很多人,让他们为我们的客户解决很多问题,还要思考帮助客户取得成功的方法,这些都属于我们公司不同部门的事情。我们不想让客户看到我们忙碌的情景:到这里干这个,去那里干那个。所以,在客户中枢的体验方面开展跨部门的协同,使我们能够让客户放轻松——容易地将他们与他们取得成功所需要的人员和资源联系起来。

联系使我们的社群变得强大。在数字化客户成功方面,社群使我们能够即时、简单、迅速地完成需要做的事情,以充当客户成功的跳板。这种自助服务还允许我们的客户成功经理与支持团队、产品部门和其他部门的专家在直接和客户联系时产生更大的影响。

关于客户中枢，我最喜欢的是那些工具，它们使我能够定制客户体验，并且将社群中独有的东西分享出来。我还喜欢它们的可扩展性。因此，在定制和可扩展性之间，我通常能够将我针对社群的每一个创意变成现实。我运用自动化方法做了很多漂亮的事情，这使我作为社群主管和我们的团队不仅能够生存下去，而且能看到社群和我们的团队蓬勃发展。最重要的方面在于，你能将自己从社群成员那里听到的点子转变成一些解决方案，以改进你的社群。只有在这些方面，你才能真正为你的客户创造新的价值，这就是它的全部意义所在。

如果你不确定是从客户中枢开始还是从简单的社群开始，先想清楚你的公司属于哪种类型。例如，如果你的公司是一家由产品主导增长（Product-Led Growth，PLG）的公司，那么社群可能是最佳选项，因为你的单个客户已经自学了如何使用产品并扩展产品的使用范围。换句话讲，他们早已习惯使用自助服务。通过增加社群，你可以指引他们前往一个能够互相学习并分享最佳实践的地方，从而缩短他们的价值实现时间。

一对多的客户交流

如果你想要应对的第一个挑战是借助数字化接触点来与客户交流，以鼓励其使用产品，评估情绪，建立更深的关系，那么，一对多的客户交流是数字化技术的一个理想的用例。

挑战

我们的客户常常难以接触，需要面向客户的团队多次努力才能与之取得联系。一般情况下，客户只使用少数几项功能，并且不会与我们就产品能够做些什么进行深入的交流，从而导致我们的客户流失。

解决方案

采用一种集中的、精心策划的方法，通过一对多的方法接触客户，这种方法在产品中运用数字化互动，鼓励客户充分使用产品的功能，同时建立更加深入、更有意义的社群。

重要的人物角色

- 售后服务部门领导者和客户成功部门领导者。
- 客户成功运营部门领导者。
- 客户成功经理和支持经理。
- 社群主管。
- 产品部门主管。

之前的情形

- 客户对我们面向客户的团队发出的电子邮件和打出的电话不予回复。
- 客户只是十分粗浅地了解我们的能力，从来不去了解基本用法以外的东西。
- 客户没有认识到，也没有参与我们目前的一对多计划，相反，他们不停地提问题。

之后的情形

- 改进了基于团队与客户围绕产品的使用和情绪得分而展开的互动。
- 借助社群和应用程序内的内容，客户的互动范围和对产品的使用范围进一步扩大。随着这一趋势的发展，客户更有可能续约。
- 内部团队可以更高效地利用时间，同时消除了持续不断超出自身职责范围的任务。

一对多的客户交流是一个多渠道的用例，它可能包括电子邮件、网络研讨会、视频、社会媒体、调查以及更多其他方面的内容。然而，如果你还没有做好准备来指引客户朝着集中的目的地前进的话，那么推出数字化的一对多交流计划的一个好办法是利用增强型电子邮件营销活动。这里说的"集中的目的地",就是你的社群或客户中枢,其中,客户可以访问包含交流内容的用例,提出更加深刻的问题,阅读关于最佳实践的文章,并且升级产品。而这里说的"增强型电子邮件营销活动",是指它至少比通用的电子邮件活动稍稍更有针对性,稍稍更加个性化。

图5.1显示了借助电子邮件进行一对多客户交流的例子。

你不会与收件箱建立关系

有些人可能在想,"我们已经进行了有针对性的一对多的客户交流",而一些人也许会说,"我们喜欢做这件事,但要怎么开始?关于由谁与客户交谈,我们内部还没有协商一致,我不确定我们是否拥有了在正确的时间与正确的人交流而必需的数据"。

如果你属于后面这个阵营,我们的建议是:通用的电子邮件再也不能奏效了,因此,开始迈出小小的步子,向客户提供更有针对性、更加个性化的信息吧。

假如你想向客户提供比通用消息(如"你好,客户。我们刚刚发布了这项新功能,请点击这里查看")稍微有针对性的消息,你无须十分了解你的客户。你需要知道的全部就是你在和谁交谈(客户的岗位)以及他们需要掌握什么信息。

对于那些刚刚在数字化客户成功旅程中起步的客户,这里的异议是十分常见的,"我想做这件事,但我不相信我的数据。我需要把数据整理好。我得搞懂联系人信息"。面对这样的异议,我们通常会回复:"有些工具可以帮助你收集你需要的客户数据。如果你告诉我们稍多一点信息,让我们知道你是什么人,我们就能为你定制体验。"收集这种客户数据不仅能使你在主动阶段顺利进行首次的一对多交流活动,还会帮助你为进入数字化客户成功成熟度的第二阶段(个性化阶段,参见第6章)打下基础。

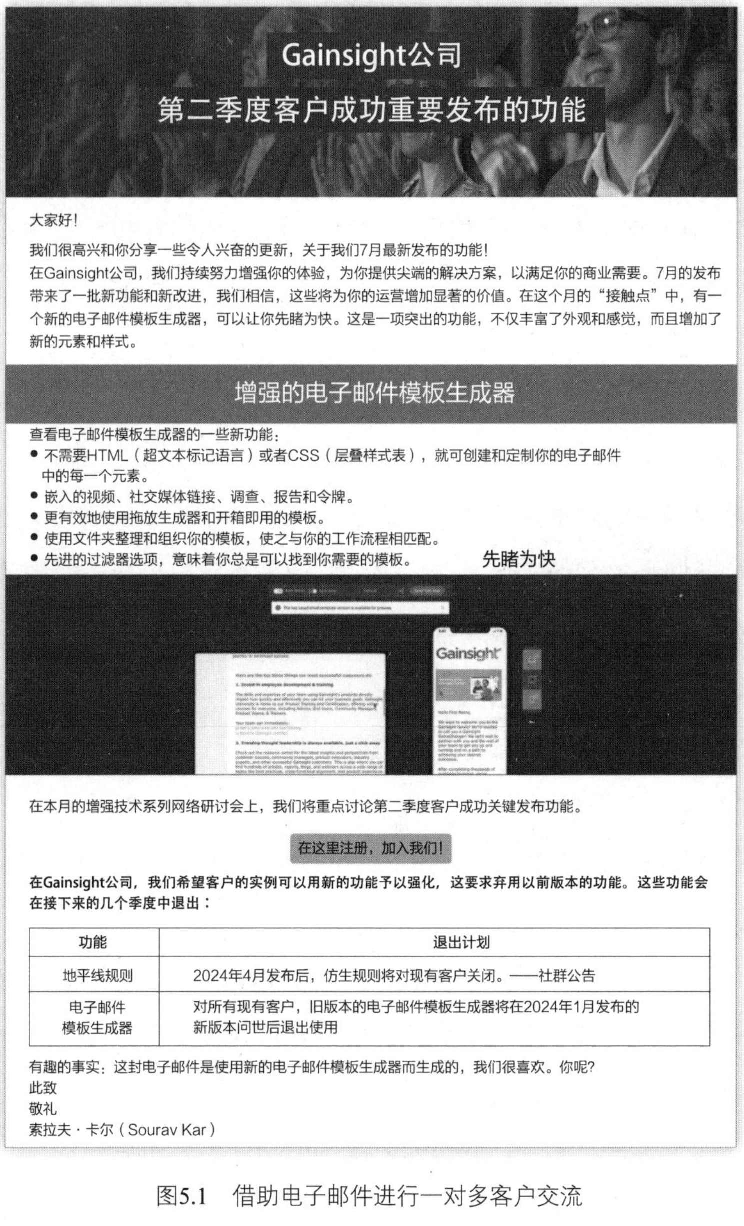

Gainsight公司
第二季度客户成功重要发布的功能

大家好！

我们很高兴和你分享一些令人兴奋的更新，关于我们7月最新发布的功能！

在Gainsight公司，我们持续努力增强你的体验，为你提供尖端的解决方案，以满足你的商业需要。7月的发布带来了一批新功能和新改进，我们相信，这些将为你的运营增加显著的价值。在这个月的"接触点"中，有一个新的电子邮件模板生成器，可以让你先睹为快。这是一项突出的功能，不仅丰富了外观和感觉，而且增加了新的元素和样式。

增强的电子邮件模板生成器

查看电子邮件模板生成器的一些新功能：

- 不需要HTML（超文本标记语言）或者CSS（层叠样式表），就可创建和定制你的电子邮件中的每一个元素。
- 嵌入的视频、社交媒体链接、调查、报告和令牌。
- 更有效地使用拖放生成器和开箱即用的模板。
- 使用文件夹整理和组织你的模板，使之与你的工作流程相匹配。
- 先进的过滤器选项，意味着你总是可以找到你需要的模板。

先睹为快

在本月的增强技术系列网络研讨会上，我们将重点讨论第二季度客户成功关键发布功能。

在这里注册，加入我们！

在Gainsight公司，我们希望客户的实例可以用新的功能予以强化，这要求弃用以前版本的功能。这些功能会在接下来的几个季度中退出：

功能	退出计划
地平线规则	2024年4月发布后，仿生规则将对现有客户关闭。——社群公告
电子邮件模板生成器	对所有现有客户，旧版本的电子邮件模板生成器将在2024年1月发布的新版本问世后退出使用

有趣的事实：这封电子邮件是使用新的电子邮件模板生成器而生成的，我们很喜欢。你呢？

此致

敬礼

索拉夫·卡尔（Sourav Kar）

图5.1 借助电子邮件进行一对多客户交流

Alteryx公司只要有一位新客户激活了，便会使用Gainsight公司的旅程编排器（Journey Orchestrator，JO）功能发送一条"欢迎加入"的信息。旅程编排器是一项自动的电子邮件功能，使管理员能够设计电子邮件的模板和日程安排程序，以便在正确的时间接触正确的客户。Alteryx公司的这种及时的沟通，在2023财政年度的第一季度产生了领先于全行业的35%的邮件打开率，以及30%的点击率。

为了实现这种高水平的互动，Alteryx公司使用Gainsight公司的产品来将沟通个性化。他们在发送给客户的信息中包含他的名字以及客户成功经理的名字。他们还使用平台的HTML功能，在电子邮件和其他交流中添加了客户成功经理的头像。这有助于与最终客户形成牢固的联系——一种既真实又私人的联系。

Alteryx公司还使用它的客户成功平台对不同的消息和电子邮件布局进行试验，以便了解哪些交流可以产生最高的互动率。该公司甚至在不同客户之间测试了不同的电子邮件营销活动的开始日期，根据测试结果，将这种交流的时间从客户激活后的第1天变成第4天（之所以做出这一改变，是因为该公司了解到，虽然许多客户会立即激活产品，但他们通常要在几天后才开始使用）。

过去，这个工作流程曾经让一位客户成功经理花20小时。今天，只需要1小时，便可以整合一种新产品。此外，Alteryx公司如今会收集客户的反馈，帮助客户成功经理优化他们的时间分配，使公司的客户成功经理与客户之比率从1∶30提升到1∶120！

你可以立即着手做的一件事是推出与Alteryx公司使用的类似的电子邮件营销活动。不过，你绝不能做的事情是用太多的电子邮件"淹没"客户。"好的！我们现在具备了一对多地与客户交流的能力。让我们开始给客户一封接一封地发邮件，促使他们做好A、B和C，直到他们以我们想要的方式回复为止。"（坦白地讲，唯一一件比通用的电子邮件更糟糕的事情就是不知疲倦、接二连三地向客户发送稍稍更有针对性、稍稍更加个性化的电子邮件，而你的客户会将它们视为恼人的垃圾邮件。）

决定是采用电子邮件还是其他渠道来进行你的首次一对多交流，在很大程度上取决于你想接触的目标受众。例如，如果你的目标受众包含最终客户，那么可以通过应用程序内的交流来产生更多的互动，因为大多数最终客户都在应用程序之中。（在Gainsight公司，无论什么时候，在某位新客户第一次登录，我们都使用应用程序内的互动/演练。）相反，如果目标受众包含客户公司的高管，他们很少登录应用程序，那么，精心制作应用程序内的消息，无异于浪费时间（这样的话，你还不如在海底租一块广告牌。由此带来的互动可能跟这里提到的互动一样）。

想一想你在和什么人交谈，你需要他们做什么，以及你可能使用哪个渠道或者哪种技术能力来应对客户以及你面临的挑战。在主动阶段，你的主要目标之一是用更少的投入做更多的事情。为了达到这个目标，一对多的交流是提升你的客户成功团队的效率和绩效的绝佳方式。

想一想某位客户在一般情况下需要的所有信息，这些信息目前由你的客户成功经理以反反复复的电子邮件的形式来手动传达。考虑你的客户成功经理每天耗费在这些任务上的时间。然后，想清楚你在将这个流程的某些部分自动化以后，客户成功经理会节约多少时间，以及他们可以将这些节约下的时间花在哪些方面。

还要想一想，当你的一对多方法使交流变得稍稍更有针对性和更加个性化时，它的效率会提升多少。

作为一个例子，让我们观察产品功能的使用情况。在Gainsight公司，我们每隔一个季度便会制订一个发布计划。每个季度，我们会与客户进行一次有关新功能发布的交流，其中包含（比方说）50项不同功能的信息。在现实中，其中的10项功能可能是每位客户都感兴趣的，但剩下的40项功能，则是为我们的客户群体中特定的子细分群体而专门设计的"小玩意儿"。过去，我们会将一对多的交流指向我们的客户的运营团队（也许还有高管）。遗憾的是，这些信息不会总是对任何一个目标受众"发声"。这样一来，我们的客户成功经理有时候不得不给关键人物打电话（或者安排见面交谈），以说服他们："X、Y和Z这几项功能，正是你们一直在寻找的。请开始使用吧。"

今天，我们定制了发给客户的消息，并将它导向客户组织中的特定受众和人物角色，在很大程度上将客户成功经理从这种单调乏味的工作中解放出来。例如，我们在第4章中提到过，我们常常只向管理员发送一封关于某次特别发布的电子邮件，向他们解释类似这样的事情："这是即将推出的新功能。你需要做好这些准备。"在向客户发出这些信息之后，我们才会稍稍跟进，向所有最终客户发送定制的电子邮件，让他们对自己能够从新功能中实现的商业价值感到兴奋不已。这会鼓励业务团队接近运营团队，并且可以这样说："我们刚刚了解了这项新功能。我们该怎样开始？"

从交流的角度看，我们正在做的事情，直接吸引不同的客户，对他们每个人来说，这是有意义的。我们所说的话都会使用每位客户特定的"语言"，使他们对自己使用了新功能后能够获得的价值感到兴奋。

过去，客户成功经理必须安排与不同的利益相关方进行一场场的单独会面，说服他们一同走进某间会议室，寄希望于他们就接下来如何推进而达成一致，同时也寄希望于他们确实向前推进。

在执行了围绕新产品/产品新功能的发布而推出的新的一对多交流计划后，你与客户之间的关系从原来的"推"变成了现在的"拉"。如今，客户公司的管理员会和你的客户成功经理接触，并且说类似的话："你好。我看到这项功能了。我的老板兴奋得快跳起来了。让我们聊聊怎样把它推广到我们公司吧。"

今天，我们就是这样思考如何使用程序的。我们使用从营销部门借来的"剧本"：首先，让新产品或者产品的新功能产生知名度；其次，让不同受众对这些新东西感到兴奋；再次，保证让每个人都知道下一步如何向前推进（通过包含在应用程序内的培训指南等）；最后，恳请客户进行反馈，以帮助我们改进下一段要使用的程序的具体流程。

数字化主导的客户引领

想不想采用一种可扩展的方法来缩短价值实现时间,在客户引领的体验期间提供数字化的客户指南与培训(并且消除摩擦)?客户引领是客户生命周期中一个特别关键的时刻。它是你给客户留下很好的第一印象的机会(如果没做好,或许就会留下很差的第一印象),为你与客户的关系确定基调,明确方向。

通常,客户的流失与糟糕的客户引领体验之间的关系是清晰的,在这种情况下,客户"无法启动",或者将他们局限于只使用产品的基本功能。数字化主导的客户引领可以确保你展现最好的一面,而且以一种极具可扩展能力的方式展现。

挑战

客户依赖我们的面向客户的团队来引领和培训他们。这经常导致产品激活和采用延迟,拉长了价值的实现时间。在进行扩展时,团队难以通过人工的、不可扩展的流程来及时地引领新的客户。

解决方案

采用一种程序化的数字化客户引领方法,它充分利用规定的旅程以实现自动化,快速引导客户实现价值,既在产品中获得价值,也通过社群计划获得价值。

重要的人物角色

- 售后服务部门领导者和客户成功部门领导者。
- 客户成功运营部门领导者。
- 客户成功经理和支持经理。
- 社群主管。
- 教育服务部门领导者。
- 产品部门主管。

之前的情形

- 面向客户的团队常常遇到进度延误的问题，他们要以人工方法引领客户，并且需要举行十分耗时的培训。
- 客户错失了关键功能的激活时机，导致产品的采用率和投资回报率低。
- 使用高度人工化的计划，加上出现大量新客户，就不可能做到规模化发展。

之后的情形

- 精心策划的客户引领体验确保客户激活并采用高价值的功能，使价值实现时间得以缩短。
- 面向客户的团队在对新客户进行引领时，节省了数小时的人工接触和培训新客户的时间。
- 账户比率可以最大化，同时仍确保在客户引领流程中到达一些关键的里程碑。

想一想数字化主导的客户引领计划可能对单个客户成功经理产生积极影响，尤其是某个负责管理大型企业的客户成功经理。这些客户每年的订购费高达六位数到七位数，对于客户，年年都有数十名或数百名客户加入或离开他们的公司。在任何一个月，你的客户成功经理都要负责为每个客户引领50位甚至更多的新用户，这本身就相当于一份全职的工作。因此，现实中，大多数客户并不适合以单独的客户成功经理主导的方式进行客户引领，因为客户成功经理只能服务几位关键的利益相关者（如管理员、运营团队领导者、发起者等）。如果没有数字化主导的客户引领流程，你就会错失为所有客户提供更优质客户引领体验的机会。

压力、疲劳、精神崩溃全都是工作任务十分多的客户成功经理面临的问题，他们手头的工作任务中有各种相互竞争的优先事项和需要反复去做的事情,尤其是当这些任务——比如客户引领——既是重复劳动又具有高度优先的特点时。数字化主导的计划甚至可以将你的整个客户引领流程实现自动化。或者,当你的产品需要专业服务的互动时,数字化主导的计划让你有机会用数字化技术加强人工培训,帮助你优化客户体验,学习如何管理,诸如此类。

许多客户成功经理的工作负担太重,而数字化计划旨在减轻他们的负担。但客户引领和那些需要减轻的工作负担不同,它并不是一个低价值的活动。在这种情况下,数字化客户成功可以帮助客户经理从事高价值的活动,以加快客户引领、产品使用,缩短价值实现时间。

对于使用客户成功的技术平台,当新客户登录你的公司的平台时,客户成功经理可以立即察觉到。接下来,平台会自动向新客户发送一份客户引领清单,上面显示:"我们以前从未见过您。以下是您登录我们的平台时应当做的最重要的三件事:(1)确认您的电子邮件地址;(2)设置您的通知;(3)执行您的第一个动作,例如,写下关于客户的第一份说明。"(你还可以通过客户引领指南和知识中心机器人程序,在产品中提供相关信息。)

如果没有数字化主导的客户引领计划,那么你的客户成功经理不得不手动欢迎新客户登录平台,并且组织推进每一次培训。没错,他们可能着眼于提供高价值的服务,需要专门花大量时间来完成一个冗长而乏味的流程。假如把这个流程交给数字化技术来完成,就不会有人感到无聊或倦怠了。想象一下,若是你的客户成功经理不必每个月都耗费大量时间来监测和培训这些新客户,那么他们可以取得怎样的成就!最起码,他们每周能够专门用几个小时的时间,仔细研究每个客户的不同角色,以察觉客户流失的风险,辨别扩展、向上销售和代言的机会,并采取相应的行动。

对客户来讲,高级的数字化客户教育计划(例如,客户引领)应当带来丝滑的体验。计划的内容应是可搜索、易于寻找、易于访问的,有着统一的外观、感觉和流程，即使客户从某一项资产转到另一项资产，或者从某一个平台切换到另一个平台。换句话讲，一切都应相互交织在一起。每一条信息，应当看起来是由同一个品牌提供的富有凝聚力的旅程的一部分。

当你在专心考虑如何提供优质的客户引领、产品使用或者其他客户教育体验时，想方设法激励客户以新的、更先进的方式使用你的产品和产品的功能。通过向他们展示具有可能性的艺术，想一想你可以怎样在旅程中的每一个时刻激励他们。与此同时，无论旅程中是出现了摩擦点还是阻力点，都要确保客户能够以尽可能少的步骤克服它们。

在理想的情况下，客户引领（以及其他的客户教育）计划深深嵌入总体的客户体验中，以至于客户不会总能认识到他们拥有一种教育体验。这种体验与产品体验是不相关的，两者截然不同。教育体验将与客户从产品中获取更多价值的渴望相结合，正如你在观看一条关于自己动手的网络视频的体验，与你想修理一个漏水的水龙头或者更换一个破了的马桶的愿望相结合一样。

数字化主导的客户引领：来自 Samsara 公司的最佳实践

Samsara 公司是互联运营云领域的先驱者，也是 Gainsight 公司"改变游戏规则"奖项的另一家获奖公司。在该公司，数字化主导的客户引领使客户成功团队能够大规模引领客户并与之互动，优先安排他们的时间进行风险干预，并且进行其他高价值的互动。这么做的目的是缩短客户的价值实现时间，增加投资回报率，提高净收入留存率。

在客户生命周期第一个阶段，即客户引领阶段，Samsara 公司的"Samsara 执行咨询师"团队着眼于使客户在 Samsara 系统上获得培训，并在该系统上执行。对客户而言，这么做的目的是迅速看到价值，并知道自己在如何使用仪表板等方面获得了培训。

在销售完成之后，这个团队使用在销售团队和客户成功团队之间的一种交接互动，将售前团队的客户关系转交给售后团队，并帮助客户了解接下来会发生什么事情。在这封转交的电子邮件之中，有一个通向客户引领清单的链接，这有助于客户为引领流程做准备，并且理解成功看起来是什么样子的。在客户购买产品的时候就转发这个清单（见图5.2），是为了防止在客户引领的流程中出现任何延误。

第1周客户引领清单

欢迎来到你的客户引领的第 1 周！在本周，你应当采取许多简单而有意义的步骤，为你的团队成功切换到这种产品而做好准备。完成以下的每个步骤，以便保持在正确的轨道上，使你的投资获得最大收益。

在你开始之前

□ 创建你的仪表板	5 分钟的任务
□ 加入每周一次的 "启动" 网络研讨会	1 小时的任务

1. 为你的安装做准备

□ 产品激活	5 分钟的任务
□ 下载 Samsara 的旗舰应用程序	3 分钟的任务
□ 制订执行计划	20 分钟的任务

2. 配置你的基本设置

□ 了解你的电子学习课程设置情况	30 分钟的任务
□ 配置你的设置	3 分钟的任务

- ■ 定制你的组织名称
- ■ 添加你的公司的标志
- ■ 设置默认值

□ 创建你的仪表板用户配置文件	5 分钟的任务
□ 创建你的驱动程序用户配置文件	5 分钟的任务
□ 配置你的基本设置	12 分钟的任务
□ 满足合规要求	9 分钟的任务

- ■ 添加我的姓名、主要办公地址和监管号码｜深入探究
- ■ 配置合规规则｜深入探究

打算为第 2 周做准备？点击这里。

图5.2 客户引领清单示例

在客户引领的第1天，生成一封欢迎电子邮件，以欢迎客户加入客户成功团队，概述客户在引领期间取得成功需要完成的步骤。这封电子邮件的目的是让每位客户缩短价值实现时间，并使他们迅速启动并运营起来。

从那以后，客户的交流可以采用多种形式，包括短信息、电子邮件以及仪表板内的弹窗。这些交流包括进度更新、有益的提醒和最佳实践，以及关于如何在Samsara公司成功地实现客户引领的秘诀。在客户引领的接下来的几周里，Samsara公司每周都会向客户发送有关客户引领流程更新的邮件。这些有关流程更新的电子邮件对照客户引领目标来告知客户流程的进度情况，并说服客户迅速安装并且开始使用公司诸多形式的培训内容（包括Samsara公司的"研究院"以及"实时的新客户网络研讨会"）。

大约在客户引领流程到达一半时，如果客户未能完成，Samsara执行团队将提供更多的实践支持[1]，使客户尽快启动并运营。

与此同时，成功地完成了引领流程的客户会收到一封客户引领成功邮件，恭喜他们完成了适当的客户引领步骤，并提醒他们，在继续向前时还可以使用哪些资源。这封电子邮件的目的是确认客户引领成功，并确保客户能够使用所有可用的自助服务工具。

在客户引领流程的最后一天，客户会收到一封客户引领流程结束的电子邮件，通知他们，为期30天的客户引领时间已到。这封电子邮件还将为客户提供所有可应用的自助服务工具和资源，助推他们一路向前。

客户引领旅程中的最后一个步骤是发送一份客户引领满意度调查文件，旨在帮助客户成功团队更好地了解客户在整个引领期间的体验，以及客户觉得哪些地方还需要改进。基于客户打分的高低，他们将被送往不同的旅程，客户成功团队要么鼓励他们成为代言人，要么让客户有机会再次

---

[1] 实践支持（Hands-on Support）是指提供实际操作和指导的支持，以帮助人们学习或完成任务。——译者注

与成功团队的成员交谈。

在客户与Samsara公司保持合作关系期间，Samsara公司鼓励他们融入"研究院"，这是一个面向客户的学习管理系统，客户的情况通过客户仪表板提供。"研究院"设计根据客户购买的产品和客户在其公司中所在的岗位，为每位客户提供定制的培训模板。这种自助服务工具的目的是缩短每位客户的价值实现时间，使他们迅速启动并开始运营。

此外，在Samsara公司订购开始时，注册链接通过电子邮件将"实时的新客户网络研讨会"的邀请函发送给客户。"实时的新客户网络研讨会"为客户提供了个性化和趣味性更强的培训体验（甚至包括一个常见问题答疑环节，以便直接解决客户的问题）。这场网络研讨会旨在为每位客户缩短价值实现时间，使他们迅速启动并开始运营。

持续的教育和互动

Samsara公司与客户互动并继续让其接受培训和教育，这不会在正式的客户引领期结束时终止，绝不会。相反，该公司使用一系列计划和渠道，一定要让客户尽快实现他们期望的结果，获得理想的价值。相关计划如下。

- 产品采用活动：这是一种数字化的有关多封电子邮件的活动，特别询问客户的关键价值点或者购买的原因。这些电子邮件鼓励客户设定目标并参加"实时的新客户网络研讨会"，它的主题与他们的产品范围相关。
- 持续教育：除了"实时的新客户网络研讨会"，Samsara公司还力推"Samsara研究院重点报道"（在每个月的第二周通过电子邮件发送），它重点推送1~2条新的或相关的培训视频。这些电子邮件的目的是用"研究院"来增加对产品的使用，并帮助客户始终掌握重要产品的更新和变更情况。

- 净推荐值调查：每隔90天发送一次。

里程碑庆祝邮件与特定客户取得的成就相联系，比如完成了客户引领流程或者实现了某个特定目标（例如，当客户改进了安全状况时）。

小结

对于启动数字化客户成功计划，最难的地方在于想清楚从哪里开始。我们建议挑选一个客户面临的挑战，在应对这个挑战时，只要使用我们在本章中介绍的一个或几个自助服务用例和渠道，就相对比较容易。

如果你希望应对的最紧迫的挑战是为客户提供一种综合方法来使其使用自助服务，并且就你的产品情况进行培训，那么，设计一种简单的使用自助服务的方法，让他们能在一个集中的数字化客户中枢找到答案。这个客户中枢将把客户想要的答案显现出来，提供实时的支持和让其通过社群快速地抓住一对一培训的机会。额外的好处包括增加支持工单转移的数量，通过社群加强客户的互动，提升内部团队的效率，使之可以聚精会神地从事高价值活动。

如果你想要应对的第一个挑战是借助数字化接触点来与客户交流，以鼓励其使用你的产品、评估情绪、与你建立更深的关系，那么，一对多的客户交流是数字化技术的一个理想的用例。一对多的交流采用集中的精心策划的方式来联系客户，利用与客户的数字化互动，鼓励客户充分使用功能，同时建立更深入、更有意义的社群。通过社群和应用程序内的内容，客户与公司实现了互动深化，产品使用范围扩大，客户就更有可能续约。与此同时，你的内部团队可能将腾出来的时间用于从事更加有价值的活动，并且消除了持续的单调乏味的工作任务。

在客户引领的体验期间提供数字化的客户指南与培训（并且消除摩擦），数字化主导的客户引领可以运用可扩展的方式来缩短价值实现的时间。数字化主导的客户引领充分运用规定的旅程自动化方式，借助产品中的内容和社群计划，快速指引客户获得价值。除了缩短价值实现时间，数字化主导的客户引领还帮助面向客户的团队节省数小时的人工推广和培训时间。它们还有助于最大限度地提高客户比例，同时仍然确保客户能够到达其引领旅程中的重要里程碑。

第6章
发展到个性化阶段

第6章 发展到个性化阶段

> **个性化阶段**
> 战略：　　　　　数据主导的旅程
> 关键用例：　　　闭环的反馈
> 　　　　　　　　自动的代言计划
> 　　　　　　　　规定的采用程序
> 方法：　　　　　基于个人的培育计划
> 　　　　　　　　自动的代言
> 　　　　　　　　自动的净推荐值计划

回首过去，商业和科技的发展看起来是命中注定的。例如，今天我们回望历史时，会觉得这些趋势似乎是不可避免的：人类发明了轮子之后，很快在轮子上安装车轴，然后把车轴安装到由动物拉的大车上，再后来，这些动物又被发动机取代了。另外，正如喜剧演员吉姆·杰弗里斯（Jim Jefferies）指出的那样，在1971年之前，没有人想到在行李箱上安装轮子。他回忆道："我记得我父亲有一次前往机场时，拎着两个包，腋下还夹着另一个，好像在说：'实在没有更好的办法来减少一些行李了！'我们乘车去机场。他亲眼看到车轮在转动。车在行驶的途中，他也一直盯着轮子看。就是不能将轮子与行李箱联系到一起。"

在纸面上，从马车到锂离子电池提供动力的电动汽车的发展演变过程，看起来似乎是一个整齐而线性的进程，我们可以"自然而然地"将整个进程划分成几个不同的阶段。但在现实中，这样的发展演变过程很少是整齐划一的。经过颠覆式科技变革时代（从车轮的发明，到互联网、B2B、云计算、人工智能的问世等）的人们会发现，"技术进步"并不总是线性的，也不会总是可以被划分为一个又一个独立的阶段。事实上，技术变革常常看起来是混乱的，不会保证任何一种特定的技术注定一问世就占据主导地位。

同样的道理，你的组织在数字化客户成功的不同阶段（从被动阶段和主动阶段发展到个性化和预测阶段）不断发展的过程，有些时候可能看起来像是一个整齐的、线性的进程。但当这段旅程正在进行时，你甚至都没有发现你已经从一个阶段过渡到下一个阶段了。由于数字化成熟度的每个阶段都会为下一个阶段铺平道路，使之变得更容易，因此各个阶段之间的界限可能变得模糊。你在主动阶段中使用的工具以及收集的客户数据，将使你能够丝滑地进入个性化阶段。你在个性化阶段充分使用的工具和数据，又将使你能够在预测阶段大展身手。

为了使你的组织在数字化成熟度的频谱中朝着个性化的终点前进，你首先得问自己："我想和我们的客户接下来做什么？"如果你遵照我们在第5章提出的关于"使客户能够自助服务、一对多的客户交流和/或数字化主导的客户引领计划"的种种建议，你可能已经拥有足够的数据来采用这一章中概括的用例。如果你还没有这些数据，那么是时候收集更多客户数据了，这包括客户人物角色、产品使用、客户情绪等，以助推计划顺利实施。

闭环的反馈计划

在客户成功组织中，人们经常听到的抱怨是，产品团队，尤其是科技公司中的产品团队，往往根据它们下一步要创造什么（也就是要推出哪些新功能，采用哪种新技术）来检验市场的情况。简单地讲，产品团队偏向支持新客户，而不是支持现有客户。与此同时，客户成功团队好比总是扯着产品团队的袖子大喊："嘿！我们已经有了这些不可思议的客户。我们要好好对待他们。我们要倾听他们想要什么，不想要什么。"

闭环的反馈计划为应对这个挑战提供了方案，提出了一种以数字化方式获取更多客户反馈的方法，为绘制产品路线图提供有关信息，提高产品和新功能的知名度，并且促进大规模使用。Gainsight公司的一位客户"Shiji ReviewPro"，在从电子邮件切换到应用程序内的调查后，对其净推荐值的响应提升了3900%。

挑战

缺少客户数据，加上围绕新功能发布而与客户进行的沟通十分糟糕，导致客户健康运营状况的数据不准确，采用率低，以及意料之外的客户流失。客户反馈和创意是孤立的（或者根本没有获得）、脱节的，产品团队无法看到，导致它们无法影响有关未来的路线图的决策。

解决方案

采用一种简化的和透明的方式来收集客户的反馈和创意，以便做出由数据支持的路线图决策，同时采用一种闭环的反馈计划并有效地与客户就相关更新进行沟通。

重要的人物角色

- 社群主管。
- 售后服务部门领导者和客户成功部门领导者。
- 客户成功运营部门领导者。
- 教育部门领导者。
- 产品部门领导者和产品部门主管。

之前的情形

- 客户不知道新功能可以解决/满足他们的痛点/需求，因此他们没有使用这些新功能。
- 客户有一些关于产品的宝贵的建议，但他们不知道可以在哪里分享这些，或者从未从客户成功经理那里听到对他们的请求的回复。
- 产品团队正在做出关于路线图的决策，但这些决策没有基于获得数据和客户的反馈。

之后的情形

- 引人入胜的发布渠道将告诉客户，哪些产品新推出了一些功能，使激活率和采用率双双上升。

- 客户有一些特定的渠道来分享他们宝贵的意见和建议，提交产品的创意，并通过涉及数字化和客户成功经理的途径查看其状态。
- 产品团队可以容易地集中使用数据、调查结果和客户反馈，以做出有关路线图的决策。

闭环的反馈计划（也就是倾听客户的声音计划和调查计划）以最为迅速且成本低廉的方式确保客户不至于偏离正轨，将客户反馈汇集和引导至产品部门，确定哪些客户拥有卓越的体验，哪些客户做好准备以充当产品与服务的推荐人和代言人。这个流程再简单不过：你问客户一个问题（只需问一个问题）。从那个单一的问题开始，你再构造其他流程，设计其他自动化方式。

这里的反馈闭环如此特别的原因，你或许知道，如果请求客户向你反馈，但没有采用以下两种方式之一来使这个循环闭合——用一条表示感谢的信息跟进（或者某些其他形式的致谢），或者对反馈中表达的担忧/问题做出响应，那么，你收到的反馈的数量将直线下降。为什么？因为客户会觉得，你把他们的意见和评论抛进了一个"黑洞"。抛进去后，这些意见和评论再也没有回来。

但当你一次又一次地向客户表示，他们的反馈将促使你及时采取行动，也就是说，当你表现出你会重视他们的反馈，一定会对其有所行动时，客户将更加积极主动地进行反馈。很快他们就会发现，你总是在将他们的意见和建议转变成有意义的响应。

我们一般用标准的有关净推荐值的问题制订闭环的反馈计划，这些问题之一为："在0（最低）到10（最高）的范围内，你有多大的可能向别人推荐我们的产品？"如图6.1所示，如果客户的回应表明他们可以充当产品或服务的推荐人，那么我们随后将自动地把他们引导到一个公众评论网站，比如G2.com（参见"自动的代言计划"小节）。

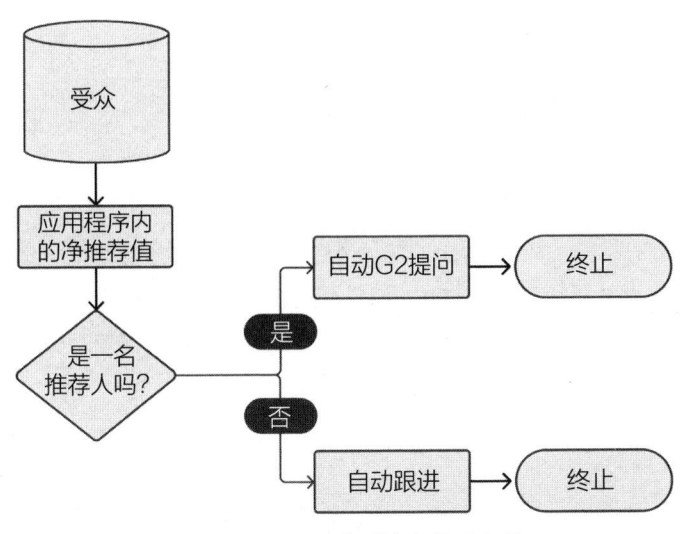

图6.1　Gainsight的反馈者管理流程

调查的受访者如果说自己有过糟糕的或者很一般的体验，怎么办？你应当如何回复他们？什么时候回复？

我们建议你制定一个或多个自动化的回复模板（例如，参见图6.2），以便向这些有过糟糕体验的客户致歉，我们还建议，你要么通过集中的客户中枢，要么通过电子邮件来做这件事。不管使用什么渠道，针对那些对你不满意的客户草拟一张便条，传递这样的信息："我们听到了你的声音。我们收集了大量你的反馈，而且，作为回复，这里是我们正在做的［2件、5件或者10件］事情，以改善那种情况。"

一般来讲，你应当既运用由数字化主导的方法，又使用由人工主导的方法，以可扩展的方式实现闭环。不过，为了回应你的最大的客户打出的低分，可以让你的客户成功经理甚至首席客户官手写一张便条。不要向在你的公司支出很多的客户发送自动的消息。把这些自动的消息发给不太重要的客户。

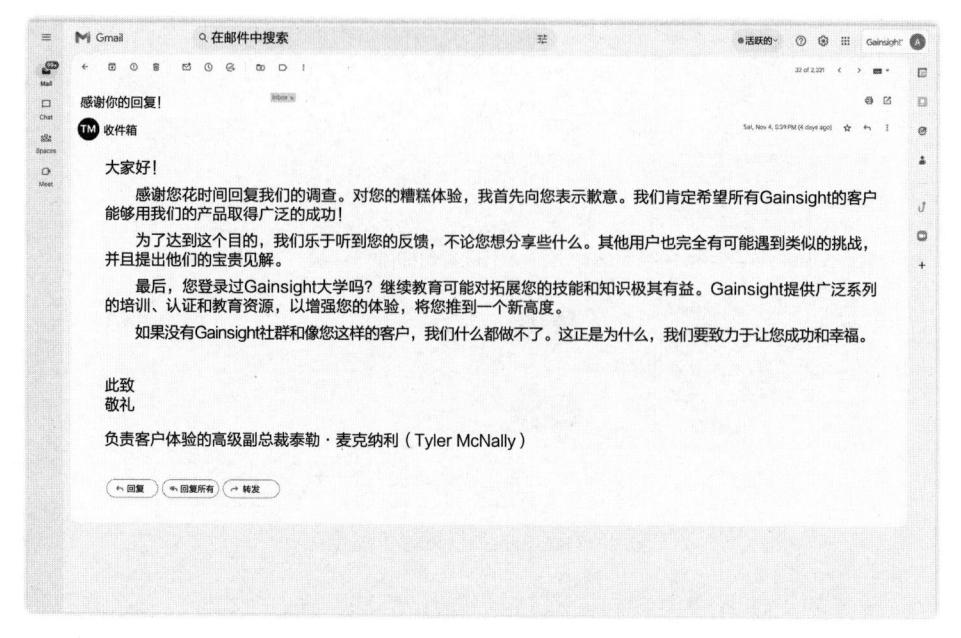

图6.2 来自Gainsight公司确认反馈者关切的电子邮件示例

数字化客户成功最大的好处之一是能够腾出你的客户成功团队员工的时间，使他们聚精会神地从事高价值活动。同时，对某个有着流失风险且消费额很高的客户进行干预，显然也具有高价值。虽然你也许很想那么做，但不可能对每一个客户或者每一位用户都一对一地回复，不过，说到你的最大客户的高管，你或许想让自己的公司保证有一个人在和他互动。这就是你的客户成功技术可以帮你提供的客户成功服务，它与你的公司的优先事项和文化相一致，是为客户量身定制的，并且将人工的和数字化的客户成功行动与活动综合了起来。

闭环的反馈还可以为跨部门的合作带来大量好处。但为了享受这些好处，你得考虑怎样使团队正确地获得有关客户情绪的数据，也就是说，让产品团队获得关于产品的反馈，销售团队获得关于销售的反馈，诸如此类。因此，你首先需要一种方法来分析那些数据。这正是客户体验解决方案可以发挥其独特作用的领域。例如，Gainsight公司提供了一个由人工智能驱动的工具，它被称为"文本分析"（Text Analytics），可以筛选所有调查回复，以辨别不同的主题，并进行分类，帮助你以可扩展的方式审阅和分析大量的调查数据。

在应当使用什么渠道方面，你可以借助电子邮件或者纯粹在应用程序内收集闭环的反馈（我们有些老练的客户喜欢将两者结合起来）。在Gainsight公司，我们使用应用程序内的调查开启这一流程，如果某位客户并没有在这个渠道中回复，我们才切换到电子邮件，对他说类似这样的话："我们真的想听到您的声音，但您没有在应用程序内回复我们。"

你在设法解决什么问题

在发起一次闭环反馈的调查之前，一定要问自己："我们在做这项调查，到底想为我们的客户解决什么问题？"换句话讲，形成一个问题表述。然后再问自己："解决这个问题，有些什么办法？"虽然我们很想在不回答这些问题的情况下，就一头扎进闭环反馈计划之中，但如果这样，就将增加你再也无法高效回复客户所有反馈的可能性。如果你对怎样处理所有这些反馈没有计划，未作打算，就有可能疏远客户，因为你一方面鼓励他们回复你的调查，另一方面不给他们任何回复——既没有说一句"谢谢"，也没有确认他们付出的努力，（最关键的是）又没有对产品做出积极改进以回复他们的反馈。假如运行一个这样的闭环反馈计划，其结果甚至比根本不制订任何反馈计划更糟糕。你不但没有把净推荐值和客户满意度等指标不高的客户转换为你的产品或服务的代言人，反而可能损害公司的信誉。

不久前，Gainsight公司根据一项管理员净推荐值调查的结果，发现了自身存在的两个问题。管理员也就是负责在客户中运营Gainsight软件的用户群体，打出了Gainsight所有类型客户中的最低分。此外，作为一个群体，他们的回复也不是很好。因此，我们来到客户成功部门，扪心自问："对比我们的客户，我们正在用闭环的反馈计划解决什么问题？"答案是：（1）我们需要增加对管理员的回复；（2）基于我们听到的声音，我们需要提高这个分数（并以此获得赞誉）。这正是我们做的事情。我们说："我们无法通过电子邮件获得足够的回复，但我们知道，管理员就在使用我们的产品。因此，让我们从一项应用程序内的调查开始，然后，如果我们没有在这个渠道获得足够多的回复，就再用电子邮件的渠道来补充。"

结果，我们的回复率接近翻倍，从17%增长至29%。我们在掌握了所有这些额外的数据后，接下来着手执行我们提高净推荐值的计划。我们创建了管理员认证机制，现在，它只为管理员提供特定的发布信息，因为他们告诉我们，他们通常对我们的发布没有准备（客户组织中的人们会联系管理员并且说，"我想要Gainsight软件的这项新功能"，而管理员会回答："我从来没有听说过这项功能。"）。我们的解决方案是，在将发布信息提供给其他客户之前，首先将其提供给管理员，以便他们的工作更容易些。除此之外，我们还在我们的客户中枢内创建了一个目的地，特别为管理员量身定制，以帮助他们相互学习，分享最佳实践，并且在常见问题答疑中进行互动。

在推出这个闭环的反馈计划以后，管理员的净推荐值平均得分从31分上升到70分。

对于Gainsight公司，这只是在数字化客户成功成熟度的个性化阶段走了一半。在数据方面，我们只需要知道调查的对象是管理员，就是这样。在此基础上，我们能够创造一系列的数字化体验，它们为这一用户群体量身定制。这些体验使客户的满意度显著提升。

自动的代言计划

自动的代言计划帮助你辨别代言计划中的成功客户并且与之互动，以推动新的业务发展。当客户获得了代言人的推荐时，企业往往能收获更高的留存率。根据哈里斯在线民意调查（Harris Poll Online）代表客户忠诚度平台提供商"大使"（Ambassador）开展的一项调查，82%的消费者说，他们在考虑购买某件产品或某项服务时，会主动寻求其他客户的推荐。

挑战

辨别那些充当推荐人或代言人的成功客户并与之互动，是一件艰难的事情。我们当前的计划是高度人工化的，而且十分依赖与单个客户成功经理的关系。

解决方案

采用一种大规模收集客户情绪数据的自动化方式，使我们可以立刻辨别运营健康的和满意的客户，并且与他们互动，让他们能通过社群、推荐计划以及其他更多的渠道参与进来。

重要的人物角色

- 社群主管。
- 售后服务部门领导者和客户成功部门领导者。
- 客户成功运营部门领导者。
- 营销部门领导者。

之前的情形

- 辨别和协调产品或服务的代言人是一件非常耗时的事情，拖慢了销售节奏。
- 没有追踪了解哪种代言计划对运营健康的评分影响最大。
- 担心出现太多的代言请求，会使代言人过度工作并且疲惫不堪。

之后的情形

- 随着我们着眼于维护推荐人数据库，对客户的健康运营状况和关系有了更好的了解。

- 拓展有关情绪数据的收集范围，以更加迅速地辨别代言人。
- 更加深入地在社群中与代言人互动，鼓励他们分享知识和发表见解，并继续与之互动。

Gainsight公司是这样实施自动的代言计划的。

如果你是一位Gainsight公司的客户，给我们打出了9分或10分的净推荐值，我们会立即将你带入一个自动化流程中，并且告诉你："听起来你对我们的产品或服务的体验很好。我们想让其他人也知道。"然后，我们给该客户一份奖励（比如一张礼物卡），以激励他继续参与代言。这个过程能引来狂热的粉丝，他们的反馈一下子就填满了评论网站。在此基础上，我们会发送一条消息，将G2网站中关于我们的所有评论都带到我们的Slack平台上，以供我们的高管团队阅读。G2网站的每一条评论都在那里。

为什么这种类型的代言很重要？因为等到大多数潜在客户在与销售代表交谈时，他们很可能已经看了那个评论网站的相关内容，并且已经和你的某些客户互动过了。这意味着，在大多数情况下，客户对你的公司以及公司的产品/服务的第一印象不是由你的销售员、你的产品、你的营销内容给他们留下的，而是由你的客户中的代言人留下的。你得让这种第一印象十分正面。你得让局面对你极为有利。

会计解决方案公司Floqast考虑到了这一点，使用一个自动化代言流程，帮助辨别并激励他们的"黄金客户"。Floqast公司主管客户成功的全球副总裁贾斯汀·史密斯（Justin Smith）说："这些人是我们真正想从他们身上得到回应的人。"

让我们假设，我们的客户群体由100位客户组成。我们首先可能会说："根据我们从每季度的净推荐值以及其他调查中获得的数据，我们打算用自动的电子邮件联系其中70%的客户。"一旦客户的回复邮件开始进来，那么我们会说："这是我们想要重点关注的最上层的那群人。"现在，我们的目标是推动这些人给出回复。

从那时起，史密斯的团队会发送自动的跟进邮件，直到他们将可能的代言人名单缩小到少数几名精英时。"我们随后会将注意力集中在这些'黄金客户'身上，运用一些真正个性化的激励措施，确保我们可以从他们那里获得回复。"

史密斯强调适当奖励客户代言人同时避免"疲劳战"的重要性。事实上，应对这两个挑战，正是Floqast公司推出自动的代言计划的原因之一。

人们可能变得疲惫，所以，你不希望来来回回地折腾他们。如果有的员工真的十分支持Floqast，并且其的确很有帮助，那么我们不想让他们精疲力竭。我们还想让他们能够从代言中有所收获。因此，我们使用分数和奖品来传递这样的信号："嘿，如果你做了这件事情，便可拿到实实在在的奖励。"这种做法确实十分有效，营造了深厚的同伴情谊，因为人们（尤其是社群中自认的代言人）知道他们的同伴在做些什么，所以，我们希望确保每一位代言人都觉得他们获得了公正平等的奖励。

和Floqast一样，不要请求所有人都留下评论，尤其是在G2网站上留下评论。相反，只请求那些在调查时给你的公司打出最高得分的客户发表评论。这样的话，他们给予你的公司负面或普通评论的可能性便降到了最低。

规定的采用程序

问题：一旦客户使用我们的产品（也就是在客户引领流程结束后），我们怎样使他们使用那些最有可能帮助他们实现目标的功能？

答案：使用规定的采用程序。这个用例创造了一种端对端的用户体验，使交流更加个性化，目标是指引客户更快地获得价值。

挑战

与客户的交流脱节，未能有效指引他们通过使用我们的产品获得价值，导致采用率低、流失率高，客户会产生负面情绪。

解决方案

提供一种单一的、统一的体验,这种体验通过程序化的数字化互动,在各种数字化的和人工的接触点上实现。通过在正确的时间、正确的渠道内提供正确的信息,并且通过准确的数据带来便利,改进了采用情况,增强了总体体验。

重要的人物角色

- 社群主管。
- 售后服务部门领导者和客户成功部门领导者。
- 客户成功运营部门领导者。
- 教育部门领导者。
- 产品部门领导者和产品部门主管。

之前的情形

- 当公司在指引客户寻找价值时,客户获得的只是一般的支持,甚至没有获得支持,导致采用率低。
- 客户不停地依赖他们的客户成功经理提供的使用方法或者行动。
- 客户成功经理十分被动,回答重复的问题,或者在每一位客户身上花了太多的时间。
- 没有一条专门用来在客户旅程中帮助指引他们的清晰的、规定性的"学习路径"。

之后的情形

- 客户获得了专门针对他们需求的交流,帮助他们更快地实现价值。
- 客户在重复劳动上耗费的时间减少了,转而从事高价值的活动。
- 客户拥有了更优良的总体体验,在他们需要的时间和地点获得了关键的指引。

在客户旅程的这个阶段,你一定要避免两种情形:(1)低采用率;

（2）为了采用而采用。在第二种情形中，当买家说"一切都很好！我们公司的所有员工都会使用你的产品"时，貌似在推广你的产品，实则与你的目标不相符。让客户使用你的产品，并不是你的目标。你的目标是了解有多少客户正在从你的产品中获得价值，又有多少客户没能获得价值，因而发现你的客户到底有没有流失的风险。如果你在助推客户采用你认为的"核心功能"，但那些功能与客户的目标并不一致，那么你就在引领客户走向一个死胡同。相反，规定的采用程序是聚焦目标的。你要抛开你的关于产品应当如何使用的观点，而是根据每位客户期望的结果和体验创建采用程序。

在大多数情况下，规定的采用程序类似于你已经运用的采用程序，两者只有一个关键的差别：你要将它们个性化。为了达到我们建议的个性化程度，你需要更多的数据。

如果你不知道人们会怎样使用你的产品，就无法创建规定的采用程序。你需要关于使用情况的数据。你得知道人们怎样使用你的产品，因此，要么鼓励他们使用，要么，如果产品的使用率下降了，就重新将他们引回来。与一对多的交流进行对比，在那种交流中，你一开始并不需要任何数据。而使用规定的采用程序，你至少需要两类或三类数据——你得知道客户怎样使用产品，他们希望实现什么目标，以及每位客户在客户公司中的职位（以便你能够向正确的人发送正确的信息）。

如果你不知道客户是什么人，那么首先问他们在公司中的职位，然后指引他们了解与他们的目标相一致的采用主题。如果你不清楚他们的目标，那么可以在应用程序内发起一项调查，询问"你在使用我们的产品时，主要的目标是什么？"如果客户回答说"目标X"，你接下来就将他们引导到"功能X"上。

在Gainsight公司，我们每周都向所有客户发送一封有关采用程序的电子邮件。我们不是让客户成功经理在客户提出要求时分享这些数据，而是主动地通过电子邮件向客户发送这些数据。这使客户的公司领导者以及客户成功运营部门的员工能够对照采用的情况来确定他们是处在正确的轨道上，还是偏离了正轨。

> ### Drift公司怎样指引客户实现价值
>
> 　　软件即服务公司可以做些什么来推动它们的客户实现价值？帮助企业将销售流程自动化的对话云公司Drift给出的答案是：使用客户数据来改进与客户的互动。
>
> 　　该公司的斯科特·欧内斯特（Scott Ernest）和巴特·哈蒙德（Bart Hammond）解释：
>
> 　　这不仅仅是一种高感性接触和人与人接触的体验，而是要使这种体验个性化，以符合当时的情境。我们怎样推动这种亲密的互动时刻，从而促进客户采用？我们如何使客户更容易和我们做生意？我们怎样通过信息使客户的能力变得更强大？我们如何通过教育培训来培养他们？我们又怎样培育能够推动公司前进的代言活动？
>
> 　　在和Gainsight合作之前，Drift公司拥有70名客户成功经理的团队着重为5000名客户逐一提供"不可思议的高感性接触"（但是通用的）体验。在购买了Gainsight的客户成功产品后，Gainsight将Drift公司周围的所有信息汇总成一个统一的、全景式的客户视图。在此基础上，客户成功团队创建了一个自动的运营健康评分，实践证明，这个评分十分准确地指明了续约和扩展的情况，Drift公司开始使用这一评分，从客户那里收集到更多的信息，包括围绕客户引领和支持体验的净推荐值的反馈。
>
> 　　欧内斯特和哈蒙德继续说：
>
> 　　随后，我们推出了一个附带不同权利的付费的客户成功模型和

针对不同客户的服务等级协议，因为我们需要根据不同的客户的情况来分别对待。我们还开始使用时间线（Timeline）来进行这种令人惊叹的活动追踪，也将其作为服务等级协议承诺的引擎。接下来，我们的客户成功运营团队创建了不可思议的仪表板，它真正地变成了我们的客户成功运营团队做好他们的工作的驾驶舱。

掌握了所有这些信息、运营健康数据以及洞见，我们开始寻找在采用和运营健康之中的规律。这是我们想要做的。和许多公司一样，我们十分看重我们的"黄金功能"，也就是那些独一无二的高级功能，它们能让我们与其他的聊天平台截然不同。因此，我们开始发起一些活动，确保我们的客户都在使用那些高级功能。我们从"旅程编排"开始，将典型的电子邮件回复转发给客户，以推动他们采取下一步行动，在这之后，我们组建了数字化客户成功部门。我们购买了Gainsight公司的产品分析和互动产品，而且已经发布了产品内部功能的公告，充分利用工具的诀窍，甚至让客户注册参与各种活动，以便他们知道Drift公司更多的信息。

让欧内斯特和哈蒙德最感到兴奋的事情是，最近，Drift公司借助Gainshgit客户中枢平台改造并重启了他们的社群。

在此之前，这个社群的陈旧和过时程度已经到了令人震惊的地步。但在推出了新的社群之后，客户的响应犹如排山倒海般涌来。我见过一些客户突然冒出来发表他们的见解。看到这个中枢如此激励人们，真的是一件很酷的事——你无法想象徽章和游戏能够带来多大的力量。很多人在争先恐后地想成为"Drift知识思想领袖"中的一员。

最近，Drift公司推出了一项长盛不衰的活动，被称为"用销售赢回客户"。欧内斯特和哈蒙德解释说：

> 这全都从"旅程编排"开始，这个软件使我们能够看到哪些客户在最近的21天内没有登录。我们想推动他们参加一个一对多的网络研讨会，他们可接受相关培训，并且可能采取下一步行动，无论是更新他们的通知设置，以便在移动设备上收到提醒，还是让他们参加外联活动，抑或是录制一条视频，或是在领英（LinkedIn）上和他们联系。这太棒了！我们收获了大量的反馈。
>
> 我们还了解到，光靠电子邮件是不够的。因此，只要我们把客户推到网站上，接下来要做的就是成为产品组织的合作伙伴，完善登录页面，真正地定制登录的体验，并为客户献上让他们惊叹的一刻。然后，我们不是强迫客户回到电子邮件中去注册参加某个活动，而是在应用程序内跳出一个弹窗，让他们能够在弹窗中注册参与该活动。
>
> 我们发现，我们可以把网络研讨会和其他活动的录像发送到社群中（还提供一些关于如何从Drift公司获得更多价值的最佳做法和示例），并且将它作为一种体验提供给网络研讨会的参与者和没有参加活动的注册者，甚至提供给刚刚注册Drift并着眼于获得更多价值的新客户。
>
> 总体而言，我们已经构建了一个良性循环，它是一个反复的增长循环，充分利用了一系列人工的和数字化的计划。

陌生领地上的陌生人

要始终记住，在采用程序开始时，你的客户只是一个迷失了方向的陌生人，在陌生的领地游荡。他们第一次使用你的产品时，在许多新术语和新功能面前手足无措，或许不知道从哪里开始。因此，你要在采用程序期间与他们见面洽谈，有效地指引他们，这样他们就不会迷路和放弃了。不论你的产品多么复杂，你都可以为客户提供数字化地图。在正确的指引下，你可以使他们轻松地到达目的地。

在你帮助客户抵达目的地，以便释放持续价值的过程中，数字化客户成功让你能够了解客户期望的旅程，并为你的客户提供毫不费力的体验。

让我们看看怎么能做到这样。我们将使用一个假想的例子，它是一家服务于医疗保健行业的软件即服务公司，名为Energy HR。在这家公司，安东尼·普兰特（Anthony Plant）负责大规模的客户成功事务，由于采用了数字化客户成功的解决方案，他针对目前处在采用阶段的每一个客户都生成了一份概述。但现在，他想为客户完善数字化旅程。

安东尼手里有了这个人工智能工具后，可以迅速确定哪些新功能会被用户使用。事实上，人工智能马上辨别了三个不同的计划选项，这应当有助于安东尼设置并向客户提供有关应用程序的指导，以便他们可以容易地启动该功能。安东尼从这些选项中选择了一个计划，很快发现了人工智能建议的受众标准，以及客户在规定的路径中将要采取的每一个步骤（通过应用程序内的互动），这些步骤对客户来说可能十分宝贵。

在这个基础上，安东尼可以从他选择的计划中直接预览这种互动，还可以设定目标，也就是他打算为真正参与的计划互动而确立的目标。在这个例子中，他希望自己一半的客户在开始的三周内点击参与这种互动。一旦实现了这个目标，他就可以在发布计划之前点击"保存"。但在他做这件事之前，他可以回到人工智能，再给它发送一条命令："让我们为设置和启动这个新功能的客户颁发一个徽章。让我们带给他们一个欢乐时刻，使他们可以庆祝这个成就。"只要安东尼看到了他心里所想的徽章，他就进行审核并随后发布计划。

这种客户成功解决方案的一个主要好处是，它从管理员的肩上卸下了一些负担，但仍然让他们控制整个流程。这是因为，技术的发明不是专门用来替代人工的，而是确保它们能够更有效地满足客户的需求。10年前，我们刚刚描述的这种场景还只是科幻小说中的情节而已。今天，它已经成为一个你可以立马部署和乐享其好处的现实。

小结

缺少有关客户的数据，加上与客户围绕功能发布的沟通十分糟糕，将导致有关客户健康运营状况的数据不准确，采用率低，产生意料之外的客户流失，以及由于缺乏价值而错失客户增长的机会。在很多时候，客户反馈和创意是孤立的（或者根本没有获得）、脱节的，产品团队看不到，导致它们无法影响有关未来的路线图的决策。

闭环的反馈计划为解决这个难题提供了方案，以数字化方式获取更多客户的反馈，为产品路线图提供有关信息，提高产品和新功能的知名度，并且实现大规模的采用。这些计划采用简化的和透明的方式来收集客户的反馈和创意，是一种关闭反馈环并有效地与客户针对产品及功能的更新进行沟通的方式。

自动的代言计划帮助你辨别代言计划中的成功客户并与之互动，以推动新的业务发展。如果你当前的代言计划是高度人工化的，而且十分依赖单个客户成功经理与客户的关系，那么，辨别那些充当推荐人或代言人的成功客户并与之互动是一件艰难的事情。自动的代言计划大规模收集客户情绪数据，使我们可以立刻辨别运营健康和满意的客户，并且与他们互动。这种计划还使客户能够通过社群、推荐计划以及其他更多的渠道参与进来。除了帮助你扩展有关情绪数据的收集范围，以便更快地识别代言人，自动的代言计划还使你能够更好地理解客户的运营健康状况和关系情况。

一旦客户在使用你的产品，你怎样使他们使用那些最有可能帮助他们实现目标的功能？通过规定的采用程序。正文中描述的用例创造了一种端对端的客户体验，它以指引客户更快地获取价值为目标，将与客户的交流个性化。在很多组织中，客户获得的是脱节的交流，这些交流并不能有效地指引他们从产品中获得价值，导致产品利用率低、客户流失率高，以及客户的负面情绪增加。

规定的采用程序通过程序化的数字化互动，为客户带来单一的、统一的体验。这通过在正确的时间、正确的渠道提供正确的信息，改进了采用情况，增强了总体体验。在准确数据的帮助下，客户获得的交流将针对他们的需求，帮助他们更快实现价值；客户成功经理把更少的时间用在重复劳动上，将更多时间用于从事高价值的活动；客户的总体体验会更好。

第7章

发展到预测阶段

> **预测阶段**
>
> 战略：　　　　智能体验
> 关键用例：　　人工智能推动的风险管理
> 　　　　　　　程序化的价值实现
> 　　　　　　　优化的扩展销售
> 方法：　　　　获取已验证的结果
> 　　　　　　　LTR调查
> 　　　　　　　预防性风险警报

当你在数字化成熟度频谱中达到预测阶段时，你就做好了设计智能客户体验的准备，或者你已经设计好了。智能客户体验由全渠道的技术支持，这些技术促使客户以闪电般的速度取得成功的结果。通过将数字化渠道与卓越的流程和数据结合起来，你的组织最终可以利用人工智能和数据科学来提早辨别有流失风险的客户，增加客户续约和扩展的可能性。有了这些工具，你就能以惊人的准确度辨别和预测客户的行为，然后利用你的团队在数字化驱动下的超级力量，持续优化你的客户的旅程以及你自己的旅程。

人工智能推动的风险管理

如果你在商界打拼了一段时间，就会知道，在通往成功的那条笔直而狭窄的小道上，布满了潜在的随时可能造成灾难的弯路。这样的弯路不止一条或者几条，而是很多。你还会知道，有些弯路比另一些弯路更常见，有些弯路比另一些弯路更危险。你仿佛一次又一次看到客户在同一个地方的拐弯处滑倒并跌落。

那么，在滑倒并跌落之前，你可以做些什么来防止呢？当你确实滑倒并跌落后，怎样才能把事情做好呢？

这就是人工智能推动的风险管理发挥作用的地方。这个用例有助于你根据产品使用情况和客户情绪，将处于流失风险中的客户计划自动化，使你可以前瞻性地标记哪些客户有流失风险，并且和他们互动，以化解这种风险。

挑战

客户的风险评分不准确。它仅仅根据少数几个信号，缺少关于产品使用、客户情绪和产品需求的至关重要且详细的数据。我们没能前瞻性地化解风险，而且当前的计划是人工的，十分耗时。

解决方案

采用一种可扩展的、更加细致入微的方法来精准识别客户流失的风险（这种风险是严格用数据判断的），将有流失风险的客户的计划自动化，并且围绕关键的产品路线图协调各个团队。

重要的人物角色

- 售后服务部门领导者和客户成功部门领导者。
- 产品部门领导者和产品部门主管。
- 社群主管。
- 客户成功经理。

之前的情形

- 组织无法清楚地识别重要的风险因素，导致产生令人意想不到的客户流失。
- 无法以程序化的方式吸引有流失风险的客户有效参与互动，以减小和消除流失风险。
- 不能很好地知道客户对产品的需求，导致产生新的流失风险。

之后的情形

- 通过将客户使用产品的情况、运营健康情况、情绪变化以及对产品的要求等数据整合在一个地方，组织可以全面地了解客户各方面的情况。

- 借助数字化的和人工的接触点，与有流失风险的客户自动地进行互动，以消除风险因素并实现价值。
- 产品团队有效地优化路线图中的各个组成部分，减少了重大的客户流失的风险因素。

如果你是Gainsight公司的一个成功的客户，那么或许你已经任命一位或几位系统管理员，来优化对产品的使用机制。从有利的方面来看，这是客户运营健康状况良好的信号。我们已经发现，任命了系统管理员的客户不太可能流失。因此，一旦我们知道这个数据，对那些还没有任命系统管理员的客户，我们就会创建一个信号，向他们发出警示，告诉客户其还没有任命一位Gainsight软件的系统管理员。

在我们得知客户还没有任命系统管理员的那一刻，或者得知系统管理员已经辞职、被终止职务、从客户公司离职等情况的那一刻，我们就知道，这个客户面临流失的风险。而且，使用预先确定的信号，我们不需要太长时间便能察觉到系统管理员已经不在岗了。如果我们在规定的时间段内没有看到这个人出现，就会收到一条警示信息，大致上是这样的："我们认为这个人已经离开。要向该客户的利益相关者发送一封电子邮件，以确认这个情况是不是真的。"如果该企业的利益相关者在邮件回复中确认，"是的，她已经离职了"，我们就会向利益相关者发送另一封电子邮件，告诉他，"我们在短期内为您提供了一些选项"，这些选项包括（但不限于）按照需要为系统管理员付费。至少，我们会在邮件中询问："你的团队中，什么人负责启动对Gainsight软件的学习？让我们带着他们去进行认证。"

这个流程全部实现自动化——从开始到结束。我们一接到系统管理员已经离开的信号，就会与客户进行一系列沟通，希望努力说服客户尽快任命一位新的系统管理员。

你可以为管理员以及你想要追踪与观察的任何其他利益相关者建立一个类似的流程。

今天,如果客户组织的某位业务发起者[1]离开了,你会有怎样反应?在这种情况下,许多客户成功经理面临的第一个挑战是,他们可能在相当长一段时间内不了解业务发起者的变更情况。事实上,客户成功经理也许是最后一个发现他们的关键联系人辞职、心不在焉地应付这项工作,或者被老板炒了鱿鱼。为了解决这个问题,你可以使用一个客户成功平台,它自动地密切关注重要的人物角色。例如,Gainsight公司对应这件产品的版本叫作"业务发起者变更警示",它搜索领英网站中的更新信息,以便密切关注业务发起者(参见图7.1)。如果业务发起者名叫汤姆,他离开你的客户公司Waystar RoyCo,跳槽到GoJo公司,你就会立即收到一条警示信息,上面写着"汤姆离开了Waystar RoyCo公司,如今在GoJo公司"。

图7.1 Gainsight由人工智能推动的主办者追踪功能

在人工智能推动的风险管理问世之前,Gainsight公司的客户成功经理

---

[1] 业务发起者(Business Sponsor)指在项目或活动中提供资金、资源或支持的组织或个人。——译者注

负责描述大多数工作。当我们看到某位系统管理员离开某个特定客户的公司时，我们的某位客户成功经理就必须进行一系列的电子邮件交流，转发管理员认证信息，诸如此类。今天，所有这些的发生都不需要任何客户成功经理亲自参与，这是不再需要任何人工的高价值的战略性的工作的又一个用例。

这个用例的秘诀在于，首先要确定客户的哪些行为是重要的风险因素，然后释放正确的信号，在客户表现出那些行为时，用该信号来警示你。否则，一定数量的意料之外的客户流失将不可避免，因为你没有察觉关键的风险因素，所以不确定相应的风险信号是什么。你需要首先确立正确的信号。然后，一旦信号就位，就可以让你的客户成功经理每次在收到警示信号后，以人工方式进行响应，但是，管理有流失风险客户的自动化流程，将为客户成功经理节约无数耗费在电脑和电话上的时间，让他们有时间从事其他高价值的活动。

再次强调，你要区别地对待你的最大客户。在这些用例中，最好不把他们放入自动化流程中。相反，要允许你的自动化程序识别你存在的潜在问题，并使其及时告知你，在此之后，你的客户成功经理可以立即采取行动。

程序化价值实现

这个用例解决了在销售过程中如何销售价值而不是销售功能的问题，以及怎样兑现你的价值承诺的问题。程序化价值实现通过确保你的客户从你的组织中获得价值，指引他们更加规范地得到他们期望的结果，从而着眼于客户留存与增长。贝恩公司的报告显示，客户留存率只要提高区区5%，就能使利润增长95%。

挑战

对期望的客户结果不了解、不清楚，难以指引客户实现他们的价值。客户对关键指标或投资回报没有深刻的洞见，使他们很难理解产品的价值，也难以预防流失的风险。

解决方案

捕获并验证客户的需求，以提供定制的数字化交流和人性化交流。这将规范地、大规模地指引客户实现价值，并且持续地展现投资回报率以提高可见性。实现已验证的结果意味着推动客户实现下一步的目标，为新的用例/需求打开大门，并且带来扩展与增长。

重要的人物角色

- 社群主管。
- 售后服务部门领导者和客户成功部门领导者。
- 客户成功运营部门领导者。
- 产品部门领导者和产品主管。

之前的情形

- 组织没有洞察特定客户的目标或者这些目标随着时间的推移将怎样改变。
- 客户没有获得对他们的需求的规范指引。结果，他们没有采用实现投资回报所需的功能。
- 客户不容易认识到他们正在取得的结果，导致感到缺乏价值。

之后的情形

- 了解客户的目标，使供应商和客户能够清晰地发现目标并采用实现投资回报的流程。
- 通过利用自动化的旅程、关键知识中心的内容以及社群，客户可以更迅速地实现价值。
- 客户可以将实现的投资回报轻松地呈现在内部的利益相关者面前，以证明产品的价值。

从理论上讲，程序化价值实现是简单的，但在实践中，大多数公司难以把握这一用例。主要的障碍是确定在售前阶段如何评估成功，以便在某个人变成客户的那一刻，就可以设计一段旅程，它与客户朝着实现他们的目标前进是一致的，同时这使客户的这一进程变得清晰可见。

实现这种一致性和可见性的方式是使用数字化的调查工具，它使潜在客户能够辨别他们的目标，在此之后，人工智能将提供关于如何实现这些目标的建议。一旦销售员确认了这些目标和建议，就将自动地把它们整合到客户成功平台。如今，销售团队和售后团队都准确地知道为什么这位客户购买你的产品。知道了这一点，你就能设立与那些目标紧密相连的自动化系统和流程。

几年前，一个新客户可能带着10个目标、5个目标，或者根本没有目标来到Gainsight公司。遗憾的是，销售代表记录的内容和他们提供给售后团队的细节并不一致。显然，这类系统是不可扩展的，因此，下一步，我们将创建一个数字化的数据捕获系统，采用调查问卷的形式，帮助我们改进主动的价值销售。

得益于这个数据捕获系统，销售人员和售后人员的交接比以往任何时候都更加顺畅。客户成功经理在与新客户召开的启动会议上不会再问"你为什么购买Gainsight软件"，随后，当得知这位客户在过去半年里不断地与销售人员及客户经理讨论他们的目标时变得非常尴尬。

最佳实践是借助你的客户关系管理平台，在真正的销售流程中开始捕获和追踪客户的目标。次佳实践是在销售流程中调查客户的情况。对于低消费水平客户，这些流程可以使用应用程序内的调查而彻底自动化。

一旦错过机会，就发送一份调查问卷。然后，根据调查问卷揭示的信息，售后团队在与客户第一次见面时显得聪明睿智、见多识广，做好了充分的准备。因此，如果一位客户告诉我们，他们的目标是使用我们的产品，我们会说："太好了！这里有一个关于使用我们的产品的网络研讨会，你可以在其中学习车队管理平台Dealerware公司（参见第4章）是如何通过使用Gainsight软件使采用率上升了100%的。同时，这里有一份应用程序内的指南，指导你用Gainsight软件来推动采用。"（参见图7.2，了解一个Gainsight的应用程序内调查在客户看来是什么样子的示例。）

图7.2　Gainsight公司的应用程序内的调查

优化的扩展销售

优化的扩展销售提供了一种自动识别和互动，以便大规模地进行交叉销售和向上销售，并避免错失机会的方法。2022年Gainsight公司产品主导的增长指数显示，38%的组织充分利用关于产品使用的数据来辨别扩展机会；软件即服务组织的经济报告显示，在顶级的软件即服务组织中，20%的收入来源于扩展销售。

挑战

我们的团队错失了向上销售或交叉销售的机会，或者未能做到有计划地抓住这些机会。由于缺乏适当的触发机制/理解，企业失去了收入，并且形成了这样一种误解：认为客户成功是企业的成本中心。我们的团队在抓住向上销售和交叉销售的机会时十分被动，通常在客户互动方面延迟，没有制定基于它们所需的规范工作的流程。

解决方案

通过多渠道的计划来实现扩展，以推动交叉销售和向上销售的收入增长。这些计划通过数据和有组织的社群互动来前瞻性地辨别客户，并触发使扩展得以顺利进行的自动化。

重要的人物角色

- 售后服务部门领导者和客户成功部门领导者。
- 客户成功运营部门领导者。
- 客户高管和客户主管。
- 客户成功经理。
- 社群主管。

之前的情形

- 客户成功团队没有办法将扩展自动化。结果，其在机会面前变得被动，错失了重要的机会。
- 扩展计划在整个组织中传播，导致信息孤立和进行重复的工作。
- 扩展计划是高感性接触的和耗时的，缺乏个性化。

之后的情形

- 团队可以前瞻性地辨别扩展的机会，并且启动交叉销售和向上销售的计划。
- 可以使用客户成功合格线索以及产品合格线索来执行统一的和多渠道的计划，以便捕获、追踪从客户成功的行动举措中产生的扩展收入，从而展现价值。
- 可扩展的数字化计划容易实现自动化，并且不至于错失机会，确保收入不会白白流失。

设想你的最新的客户一开始就做好了成功所需的一切。他们完成了你的数字化客户引领计划,从那时开始,你一直用采用计划来支持他们,确保他们从自己正在使用的产品或服务中获得最大的价值。那么,在这里有没有机会来更多地销售呢?也许这位客户购买了三个模块,这三个模块在使用时都运行良好。但是,你的公司又提供了另外两个模块,客户还没有购买。这也许是和客户互动的完美时机,你可以对他们说:"你知不知道,如果你添加了这两个额外的模块,预计可以再获得X的价值?你已经很好地使用了你购买的三个模块了。"换句话讲,如果你知道客户已经使用了a、b、c三个用例,那么他们或许就已准备好使用下一组成熟度工作流程。通过培育这些工作流程,你可以与客户就购买额外的产品、许可、模块以及诸如此类的产品或服务进行探讨。

这只是一种你可以用来从你已经收集到的数据中获得扩展机会的方法,这些已收集的数据涉及你的产品或服务的使用情况。另一种关键策略是使用免费增值/付费墙模式,就像Zapier、Gong和Calendly等公司所采用的那样,将这种模式植入产品中。这些公司会非常精明地说:"假如你升级你的订阅模式,就可以访问所有这些数据!"对于像这样的产品主导增长的公司,这是一种常规业务,但对于像Salesforce这样的软件公司,这还是一个未知领域。

数字化的解决方案可以使软件即服务公司不必使用他们自己的工程资源,就为客户创造付费墙和免费增值的体验。它们为非产品主导增长的公司提供了产品主导增长公司的所有能力。你在追踪产品或服务的使用情况吗?在进行应用程序内的互动吗?在指引客户实现价值吗?如果你对这些问题的回答都是肯定的,那么,你随后是不是可以对这些客户开展向上销售?也许还可以在应用程序内发出一条内部提示:"这项功能是付费的。如果你想了解更多,请让我们知道。"

Dealerware公司的做法十分类似于这种。不论其在什么时候根据净推荐值辨别了一位推广者，都会更深入地研究那位客户的使用情况，并且这样来总结："这位客户刚刚给我们打了10分。他们公司喜欢Dealerware软件，而且是真的在使用这一产品。"Dealerware公司的下一步是直接在应用程序内用一个向上销售的活动来服务客户。客户会收到一个弹窗，上面显示："点击这个新的模块，它将带来A、B、C的价值。"

这种做法奏效了！

而且运行得很好。事实上，Dealerware公司在第一次体验这种活动时，单是应用程序内的信息就产生了12.8万美元的向上销售收入，远远多于其为做这项活动支付给客户成功产品的费用。

Dealerware公司还利用他们的数字化客户成功实现了100%的可见性和采用，并且在净推荐值的回复率上出现了惊人的2700%的增长。过去，客户对他们的电子邮件的回复率很低，但应用程序内的消息改变了一切。

有效地执行本章中阐述的三个用例，要用到一些数据，在这方面，你需要添加风险管理的信号，需要掌握客户的职务和岗位，需要了解使用情况，需要了解客户的情绪。如果你知道潜在客户是什么人，他们在做什么，感受怎样，那么，你就会有信心将他们要么纳入风险计划，要么纳入扩展计划。

人工智能的作用——今天和明天

随着你迈入预测阶段，人工智能将在你的数字化客户成功计划中发挥更加显著、更为复杂的作用。

但这种作用到底是什么？会怎样发展？这两个问题回答起来可能有些棘手，同时充满了许多警告。就像一个刚刚去皮的牛油果那样，我们预测的可食用的截止日期，或许会比预期的来得更早。尽管如此，我们认为重要的是分享我们的想法，同时警示大家，没有人真正知道一年后我们会发展到什么阶段。

那就是说，我们有信心做出这样的预测：人工智能，尤其是新一代的生成式人工智能技术，将使客户的自助服务能力比以前大为增强。

想象你有一个内容存储库，里面有许多不可思议的内容，它们可以帮助你的客户，但这些内容是分散的、没有条理的。你的客户必须费力地搜索整个存储库的内容，才能找到他们需要的内容。所以，就目前的情况而言，这种资源被归为"有确实很好，但也令人十分头疼"的类别。

为了让你的客户生活得更惬意，你要引入索引卡。好的，这是一个令人赞赏的改进措施，但依然很费时间。然后，你决定引入联合搜索，它可以在几毫秒的时间扫描整个存储库，以准确地定位客户的需要。这不就好了，对吧？

现在，再设想你不是为客户提供一种搜索能力，而是给他们一台"即时回答机"，一种由人工智能驱动的工具，它在阅读你的存储库中的内容后，会以连贯叙述的形式，为你的客户提供他们正在苦苦寻找的答案。这么一来，你会将内容存储库的价值一下子增加无数倍。

而且，这种能力现在已经问世了。

如果你的内容存储库中有数百个社群的帖子以及思想领袖的文章，你将这些数据汇总到一个库中，使人工智能程序可以访问，并且从中不断地学习，那么，你将拥有一台既和人类一样有智慧，又对你的产品和服务十分了解的"即时问答机"，而且，它能比人类更加迅速地给出答案，还更擅长同时执行多重任务。

Gainsight公司的某些客户已经引进了这些"即时问答机"。例如，2023年夏天，体验管理公司Qualtrics准备推出一款人工智能的聊天机器人，为客户提供文章的摘要。Qualtrics公司全球数字化与扩展成功部门的主管卡里·阿尔达兰（Kari Ardalan）说："和它对话，看起来就跟和人对话一样，为整个产品的售后服务提供了支持。在此基础上，我们着眼于运用这种能力来进行工单拦截和实时的代理切换。"于是，问题变成了：哪些支持工单仍然需要转发给客户支持人员？我们能不能使用人工智能来模拟人类的互动，只在需要的时候才让人出面解决？

尽管阿尔达兰以及她的团队已经取得了快速的进展，但Qualtrics公司的客户成功和支持团队还需要回答许多其他问题，才能让人工智能扮演更重要的角色。

在我们曾经极为关注支持门户的用户界面（User Interface）和用户体验领域，我们现在想知道的是，我们是不是应该简单地使用人工智能的智能搜索功能来搜索所有内容？用户界面和用户体验是不是依然很重要？我们怎样针对客户成功部门在一线的互动使用聊天机器人？如何将人工智能不仅引入我们的产品之中，而且引入我们的自助服务的用例之中？

我们还着眼于将人工智能应用到大量的内部用例上。撰写内容、制定指南，这是由于我们的内容团队总是人手不够。与此同时，我们不希望失去人类独有的创造性，因此，这是一种风险。你不希望把事情过度数字化，因为如果每个人都接到一封以人工智能方式撰写的电子邮件，或者所有人都和人工智能互动，那还真诚吗？在人类的创造性与机器的能力之间保持平衡，是一个挑战。

此外，阿尔达兰和她的团队意识到，必须解决一些安全风险，才能安全可靠地推出人工智能驱动工具。例如：

你一定不想在人工智能中输入太多的数据，以至于竞争对手只要问一句"我怎样才能在一次交易中击败Qualtrics公司"，就能获得竞争优势。显然，我们得把这个风险控制起来。我们需要决定，哪些数据可以输入人工智能，哪些不可以。

阿尔达兰对人工智能带来的潜在安全风险的担心，以及对机器生成内容的实际质量的关切是有道理的。不久前，我们负责产品、技术和全球运营的总裁卡尔·鲁梅尔哈特（Karl Rumelhart）了解到，人工智能生成的回复可以多么容易地变得"面目全非"（Fed Up Beyond All Recognition，FUBAR）。卡尔在一次国际会议上遇到了其他公司的客户支持团队的一些成员，他们曾经使用人工智能方式改进客户的自助服务。他们起初以为，"我们应该做得不错，因为数据库中有4000篇包含各种知识的文章。我们还会用人工智能读取那些内容，然后回答客户的问题"。

结果，这变成了一场灾难。事实证明，那4000篇文章中的大部分已过时，要么包含一些不准确的信息，要么有其他类型的瑕疵。这么一来，支持团队不得不把所有人都召集起来，花了几个星期才把所有"不好的"内容剔除出去。到最后，他们将内容库中的文章压缩到800篇，而把不好的内容剔除出去后，人工智能才开始完美地运行。今天，这种自助服务甚至比该团队最初预料的还要好。

这里要注意的是，人工智能生成的回复的质量取决于你的数据的质量。如果你往人工智能中丢了垃圾，它输出的就是垃圾。

这个注意事项也适用于处理人工智能幻觉的问题。你向人工智能提出一个问题，它的回答不是基于训练的数据，而是凭空捏造的。以下是《纽约时报》（New York Times）最近披露的一个事例：

刚开始时，这起诉讼和许多其他诉讼没什么两样：一位名叫罗伯托·马塔（Roberto Mata）的男子起诉哥伦比亚国家航空公司，称其在飞往纽约肯尼迪国际机场的途中，被一辆金属餐车撞到膝盖，导致受伤。

当哥伦比亚国家航空公司要求曼哈顿的一名联邦法官驳回此案时，马塔的律师强烈反对，向法官提交了一份长达10页的简报，其中引用了六起以上相关的法院判决，包括马丁内斯诉达美航空公司案、齐克曼诉大韩航空公司案、瓦盖塞诉中国南方航空公司案，其中涉及对联邦法律的深入讨论以及"自动中止诉讼时效的影响"。

只有一个问题：无论是航空公司的律师还是法官本人，没有人能在简报中找到被引用和总结的判决或者引文。

这是因为，ChatGPT已经发明了一切……

这个程序似乎已经识破了书面法律论证的复杂框架，并且……从现有的（不相关的）案件的大杂烩中掺入一些人名和事实。

怎么避免这个问题？

要让人工智能根据明确的数据来回答问题。如果你问："尼克多大了？"却没有明确阐述"尼克"到底是什么意思，也就是说，你没有向人工智能透露任何具体的信息，那么，人工智能不知道你说的是什么意思，却仍在试图回答这个问题。如果人工智能可以回复"你能不能更具体一些"，那将是件好事，但直到今天，人工智能也不会这样反过来问你。当然，这取决于人工智能的使用者在表述自己想让它回答的问题时要尽可能减少产生幻觉的可能性。

为什么我们要重点关注这个问题？因为准确而自动地追踪客户是技术工程师长期以来在研究的事情。在很大程度上，人工智能已经十分擅长追踪产品的使用情况了。但在将来，它需要准确地追踪单个的客户，那是一项艰巨得多的任务。为什么？因为人工智能更难区分这里所提的"尼克"，究竟是Gainsight公司的CEO尼克·梅塔，还是人工智能连接的数据库中其他数百万个"尼克"中的某个。

一般来讲，对你们这样的B2B公司来说，和亚马逊这样的B2B公司相比，追踪个人目标是个更加棘手的问题，因为在几十年的时间里，某位个人客户可能一直用同一个身份购买亚马逊的产品。相反，在B2B的环境中，我们通常将某个人放在公司的背景下看待，因为我们的客户就是这样的，所以，当某个人从客户的公司跳槽到另一家公司时，人工智能会把他们辨别为一个新的不同的人（正如你在本章前面内容中看到的那样，数字化客户成功试图应对这个挑战的一种方法是将个人与组织联系起来，使他们在人工智能的"记忆"中——也就是诸如领英网站等组织中——显得更加"稳定"一些）。

我们有信心做出的另一个预测是，人工智能将使各组织能够对客户成功产生大规模的影响，同时仅依赖相对较少的员工。这一预测需要注意的事项是，出于我们刚刚提到的那些原因，员工在使用人工智能时必须变得十分老练。除此之外，他们必须持续地将明确的、高质量的数据提供给人工智能系统，以确保你的公司正在定位和追踪正确的人，然后在正确的时间自动向这些人传递正确的信息。如果你的一名员工在这些要素中的某个方面犯了一个很小的错误，比如，没有找到正确的人，没有发出正确的信息，没有在正确的时间发送信息，等等，那么，这有可能给你的客户引领、销量增长或者代言活动等带来很大的麻烦。

你在个人生活中也许遇到过这类错误。假如某天晚上，你决定再也不穿衣橱里那双已经磨破了的棕色鞋子，因此决定在手机上搜索一番，以寻找一双漂亮的新鞋子。粗略地浏览了一两个网站后，你觉得有双新鞋子和你的风格十分相配，于是买下了这双。

接下来，你用手机浏览头条新闻。几乎是一瞬间，你发现刚刚买下的同一双鞋子的广告出现在你浏览的每一篇文章之中。这是一个很好的也十分常见的例子，这表明尽管这些广告瞄准的是正确的人，也发出了正确的信息，但是在错误的时间做了这些。你已经采取行动（买下了鞋子），而人工智能在你买下了之后，才提示你行动。

幸运的是，如果利用人工智能技术，这些就会变得容易了。

例如，如果你今天打算发出一封调查电子邮件，若是客户在5天之内没有回复，你打算在应用程序内发出同一份调查文件。若是客户依然没有回复，你会再通过其他渠道发出那份调查文件。总之，你必须（从一开始）手动地指示系统执行这一系列步骤。

但在并不遥远的将来，你的人工智能系统将能够自动地遵循同样的程序，前提是你这样告诉人工智能系统："这就是我的打算。"人工智能系统只需要你告诉它只言片语，便能准确地理解你想做什么。从某种意义上讲，人工智能系统会根据你的意愿来预测你想要执行的所有步骤。

将来，如果要预测你的客户的行为和意图，那么人工智能会发挥什么样的作用呢？

这将我们带到了我们可以高度自信地做出的第三个，也是最后一个预测：人工智能将使各组织能够自动地生成并提供与正确的个人最相关的内容（在他们恰好需要的时候）。

我们今天是这样来考虑解决方案的：与客户交流的最简单的方式是构建一个网站，然后将客户通过电子邮件带到网站上。"大家好，请看一看我们刚刚上传到网站上的优质内容！"不过，如果你想稍稍复杂一些，则可以将电子邮件发出的时间错开，以便不同的客户会在不同的时间收到。"你好，管理员。关于X功能的发布说明，现在已经可以在我们网站上访问了，仅限管理员。"这种方法更复杂一些，因为你是在发出的信息与客户最为相关的时候与他们进行交流的。不同的客户接收相同信息的时间是不同的。

但这样的话，你可能会想："我绝不应该向每一位客户发送同样的发布说明。也许我应当给我的不同客户细分群体发送不同的文件包，比如，向小型企业发送文件包A，向中型企业发送文件包B，依此类推。"

在此基础上，下一步可能根据个人来进行区分。这里说的个人，是指在你的客户的公司中工作的数千或者数十万名单个的客户。

想象一下要生成数十万封独特的电子邮件、文本或者应用程序内的消息，而且全都要为每一位客户量身定制：既在内容上量身定制，又在发送时间上最切合客户的要求。这就是人工智能能够做的事情，在做这些事情时，人工智能可以实现人类的辅助最小化。相反，根据系统中已有的数据，客户成功平台将知道，客户杰尼斯当前正处在客户引领流程的X阶段，并且用多渠道交流的方式予以响应。

或者，也许这位客户是一位老客户，但刚刚开始使用这种产品，而且没有使用某项特定的功能。人工智能平台将"知道"不和她讨论她并不熟悉的主题（那会让她感到侮辱性很强）。相反，它会等到她进入客户引领程序的下一个阶段，再向她发送下一轮的培训信息。

拥有这种预测能力可能需要实现额外的技术突破，并且必须收集大量的数据。到底尼克是谁？凯莉又是谁？他们之间有哪些差别？他们在做什么？有了这些数据，你的预测能力就会大大增强。你会知道"在下一条消息中，最好写什么事情？下一次要推出的最佳的产品是什么？要给出的最佳建议和最佳行动是什么？"一系列技术已经可以确保你实现这些目标，这些技术包括预测性分析和生成式人工智能[1]。我们还没有达到这种复杂程度，但已经走在了这条路上。这是我们正在努力兑现的承诺。

小结

在通往成功的道路上，布满了潜在的、随时可能造成灾难的弯路。有些弯路比另一些弯路更常见，有些弯路比另一些弯路更危险。你一次又一次看到客户在同一个拐弯处滑倒并跌落。对此可以做些什么来防止？在客户确实滑倒并跌落后，怎样才能把事情做好呢？

很多时候，客户的风险评分并不准确，因为它仅仅根据少数几个信号，缺少关于产品使用、客户情绪和产品需求的关键而详细的数据。我们不能前瞻性地化解风险，且当前的计划过于依赖人工，耗时费力。

人工智能风险管理是一种以数据推动的精准识别客户流失风险的可扩展的、更加细致入微的方法，将有流失风险的客户的计划自动化，并且围绕关键的产品路线图需要而协调各个团队。

---

[1] 生成式人工智能（Generative Artificial Intelligence）是指能够生成文本、图片、音频、视频、代码等各类内容的人工智能。——译者注

- 通过将客户使用产品的情况、运营健康情况、情绪变化以及对产品的要求等数据整合在一个地方，组织可以全面地了解客户的各方面的情况。
- 借助数字化的和人工的接触点，与有流失风险的客户自动地进行互动，以消除风险因素并实现价值。
- 产品团队有效地优化路线图中的各个组成部分，减少了重大的客户流失的风险因素。

对客户期望的结果不了解、不清楚，致使难以指引客户实现价值。客户对关键指标或投资回报没有深入洞察，使他们很难理解产品的价值，也难以预防流失的风险。程序化价值实现捕获并验证客户的需求，以提供定制的数字化和人性化的交流。这将规范地、大规模地指引客户实现价值，并且持续展示提高可见性所带来的投资回报。

有时候，客户成功团队未能程序化地抓住向上销售或交叉销售的机会，导致企业失去了收入，并且形成了这样一种误解：认为客户成功是企业的成本中心。在抓住了向上销售和交叉销售的机会时，团队可能极为被动，通常在客户互动方面延迟，没有制定成功实现这些目标所需的规范工作流程。

优化的扩展销售提供了一种通过多渠道的计划来推动交叉销售和向上销售，以实现销售扩展的方法。这些计划借助数据和有组织的社群互动来前瞻性地辨别客户，并触发自动化，使销售扩展变得更容易。有了这些计划，各团队可以前瞻性地辨别扩展机会并启动交叉销售和向上销售。

随着你发展到预测阶段，人工智能将在你的数字化客户成功计划中扮演更显著和更复杂的角色。对于这个角色究竟是什么，我们很难预测，但我们可以自信地说，人工智能将：

- 使客户的自助服务比以前强大得多；

- 使各组织能够对客户成功产生巨大的影响，同时依赖相对较少的员工；
- 使各组织能够自动地生成并提交适当的与个人最相关的内容（在他们恰好需要的时候）。

第8章

推出你的第一项数字化行动举措

你可以改变你的态度，你可以改变你解决问题的方法，你可以从战略角度思考，制定战略。

——加拿大宇航员克里斯·哈德菲尔德（Chris Hadfield）

清单

- 在设计你的第一项数字化行动举措时，挑选一个可掌控的起点，而不是企图一下子解决所有问题。在客户的生命周期中挑选一个时刻，在此基础上开始。
- 通过回答诸如"我们的目标是什么""我们正试图解决什么问题"等问题，制定一份清晰的计划章程。
- 选择一项主要指标，它能使你确定你是不是已经取得了进展。
- 在继续向前推进时，关注你的速度，并当心范围蔓延[1]。
- 确定首先从哪些客户或客户细分群体以及哪些人物角色开始。
- 采用分为三个阶段的方法来测试和学习。
- 选择最适合推动目标客户和人物角色行为的数字化渠道，那些行为是你想从目标客户及人物角色身上看到的行为。
- 通过明智地部署你的人员和其他资源，密切关注你的带宽[2]。
- 考虑如何扩展你的数字化旅程、计划以及加强交流，以及怎样扩充你的客户成功团队。

---

1 范围蔓延（Scope Creep）是指项目范围逐渐扩大的现象。在项目管理中，这是一个常见的现象，由于客户或利益相关者可能会不断地提出新要求或新需求，项目的范围将不停地扩大，最终，项目超时、超预算或无法完成。——译者注

2 带宽（Bandwidth）是信息领域的名词，应用领域非常多。在本书中，作者借这个词来指代组织同时与多位客户沟通的能力。——译者注

> - 客户在哪里，就在哪里和他们交流。
> - 在数字化客户成功计划的早期阶段评估成功并且重复使用具体的方法。

把宇宙飞船发射到太空轨道，并让它一直在太空轨道中飞行，需要三个因素：推力、速度和高度。推力是推动宇宙飞船离开发射台所需的力量；速度不仅包括飞行的速度，还包括航向修正[1]；高度是指宇宙飞船应当在离星球多近的地方飞行。

同样地，推出一项成功的数字化客户成功行动时，需要将同样的这三个因素协调一致：推力、速度和高度。尽管我们相信数字化客户成功是我们这个行业的未来，但这不是太空竞赛。成功的数字化计划通常以较为缓慢而稳定的步伐前进，逐渐地实现一个唯一的、特定的、可达成的目标。

选择生命周期的某个时刻

当你开始为启动而做计划时，我们强烈建议你选择一个可掌控的起点，而不是企图一下子解决所有问题。换句话讲，刚开始时步子迈得小一点。与其试图设计一个涵盖整个客户生命周期的宏伟的数字计划，不如选择生命周期中的某个时刻，从那里开始启动。

几年前，我们和一个客户合作，这个客户企图一次性解决所有问题。其十分热切地将数字化客户成功融入公司的整体战略，以至于事先为客户生命周期中的每一个时刻都撰写了一封电子邮件。要知道，这个生命周期长达3年！我们不得不（委婉地）解释说，这么做是徒劳的。软件解决方案的发展速度极快，当客户到达生命周期的第6个月时，所有那些预先撰

---

[1] 航向修正是指在航行中对航向进行调整的行为或过程，以确保船舶、飞机或其他交通工具按照预定的路径前进。——译者注

写的电子邮件都已过时。出于这个原因，再加上其他一些原因，最好是关注生命周期中的某个时刻，而不是某段时间。

在签订销售合同后，客户对你的产品的第一次体验（通常也是容易忽略的体验）体现为"欢迎电子邮件"。在许多方面，这是至关重要的时刻。因为这是客户对你的产品或服务的首次体验，它为你们之间的关系奠立了基调。如果"欢迎电子邮件"令人困惑或者缺乏有意义的内容，那么你会让你的客户走上一条危险的道路。我们早期的"欢迎电子邮件"写了许多内容，满满的都是"欢迎加入大家庭"之类的陈词滥调，没有什么实际价值。如今，我们的"欢迎电子邮件"设计用于开启客户的旅程（参见图8.1）。它们会迅速将软件具体的设置步骤告知客户，在一般情况下，这些步骤需要等到第一次见面洽谈时才能完成。同时，"欢迎电子邮件"还会着重强调养成使用自助服务的习惯。

- 客户今天怎样开始使用Gainsight产品？
- 客户可以开始着手借鉴的一个高价值的基本用例。
- 发出一份客户从我们这里以及我们的社群中的其他客户身上了解更多信息的邀请函。

在数字化客户成功中，要产生足够的推力，以达到在当前条件下的"逃逸速度"，需要一个精心搭建的"发射台"，也就是说，以清晰的计划章程为形式的"发射台"。因此，第一步是问你自己："为什么人们要从这条路开始迈出步子？我们的目标是什么？我们将使用哪些方法来实现这个具体的目标？"（注意：除了清晰阐明对客户的公司产生的期望的影响，还要从你的团队成员和投资者的角度来分析那种影响。）这将帮助你制定清晰的计划章程，并明确阐述你的目标，让你的整个公司都能理解。

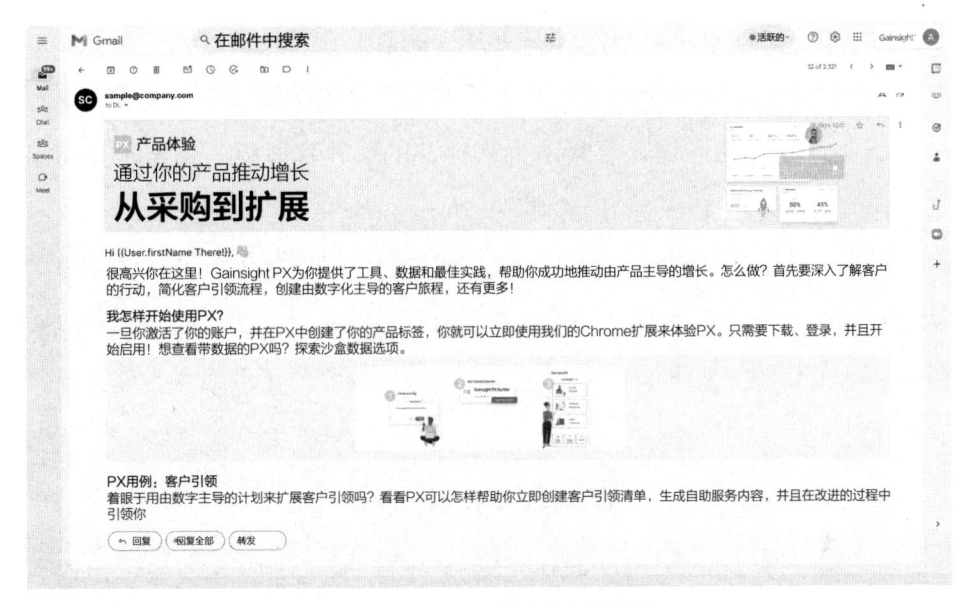

图8.1　Gainsight的欢迎电子邮件

你也许回想起我们辨别的客户的管理员存在的一个问题（参见第6章）。我们了解到，许多管理员难以找到我们的工具的更成熟用例。他们不知道我们为帮助他们而创建的各种资源，还缺乏关于如何访问那些资源的明确指导。作为响应，我们制定数字化客户成功计划章程的第一步是明确阐述一份"问题陈述"，也就是一份简单而狭义的"问题概要"。我们并没有在"问题陈述"中涵盖每一种客户类型和客户的人物角色，因为我们没有识别每种有关客户类型和客户的人物角色的问题，只辨别了管理员存在的问题。我们决定一次解决一个问题。你也应当如此。

测量影响

一旦你清晰地阐明了"问题陈述"，下一步是选择一个主要指标，使你能够确定是否取得了进展。由于指标太多，你很容易被"淹没"在30多个指标的海洋之中，所以，你应当考虑自己最关心的结果是什么。辨别你想重点关注的唯一的"北极星"指标，然后确定哪个领先指标与该项结果相对应。在这种情况下，只能有一个。

例如，在Gainsight公司，我们意识到管理员的净推荐值与续约高度相关。因此，我们精心构建了数字化旅程，以改进管理员的体验，我们知道，他们的体验对我们公司的底线利润有着实实在在的影响。

最后，你能否取得成功取决于你能不能以一种可扩展的方式来收集、解释和利用有关客户的数据，以测量你的计划对客户行为的影响。当你们绞尽脑汁地挑选测量你的第一个计划的最佳指标时，请把以下几件事情记在心里。

选择一个领先指标（而不是滞后指标）

虽然每个客户成功计划的最终目的是拥有正的净收入留存率，但这个指标是一个滞后指标。一般来讲，滞后指标只会告诉你"恭喜！你做对了某件事情"或者"哎哟，你把某件事情搞砸了"。它们很少告诉你，到底这件"做好了"或者"搞砸了"的事情是什么。如果没有搞清楚这些，你就不能对你的计划进行由数据主导的改进或者"航向修正"。要确定什么管用，什么不管用，你得挑选领先指标。

- 接触：我们是否能够识别并接触正确的客户？
- 效果：我们是否成功地说服客户做出期望的行动？

正确的领先指标有助于你预测和影响滞后指标，如投资回报。例如，营销副总裁（接触）采用了功能X（效果），并决定在他们的计划中再增加3个席位（投资回报）。

挑选一个对你来说最重要的里程碑

为了辨别最佳的领先指标，关注你的客户旅程的里程碑。一旦知道这些里程碑是什么，你就可以决定对照哪些里程碑追踪哪些数据点，并且选择其中对你来说最重要的一个。例如，在客户引领阶段，重要的数据点可能是：

- 你在引领客户时有多快；
- 你在引领客户时做得有多好；
- 你有多快能让客户看到你的解决方案中的价值。

在这些较大的数据点之中，你可以提出一些更小、更具体的问题，也就是那些有助于你发现更细微数据的问题，包括：

- 我们是不是在接触正确的客户？
- 我们是不是在使用正确的渠道？
- 我们是不是在正确的时间接触客户？

然后，在采用阶段，你想知道：

- 客户是不是成功地使用产品？（他们有没有获得期望的结果？）
- 客户是不是在使用我们的产品的关键功能？（他们有没有了解这些功能的价值？）
- 我们是不是在正确的时间接触客户？
- 客户是不是在使用他们付费的所有功能？

保持简单

为了避免被"淹没"在数据的瀚海之中，你要清楚地知道你在寻找什么，想要实现什么。需要再次强调的是，使事情保持简单。重点关注你希望客户在他们的旅程中实现的某个目标的数据点。还要记住，你的主要指标应当是使你离目标更近的指标。一旦你决定如何在正确的时间将正确的内容提供给正确的客户，就会开始得到回报。

提防范围蔓延

在你继续向前时，要提防任何范围蔓延的信号。无论范围蔓延以什么样的形式出现，是将太多的事情安排到你已经排满了的日程之中，还是对早期的胜利感到过于兴奋，以至于你急于创建另一个计划，凡此种种，都是数字化行动的杀手。"哇！我们用这封新创作的欢迎邮件就干得这么漂亮！想想我们还可以做的其他事情。让我们多写些电子邮件吧！"在不知不觉间，你就试图通过电子邮件解决每一个客户类型和每一个人物角色在客户生命周期的每一个阶段遇到的每一个问题。

除此之外，要留意你的速度。问你自己："在向前推进的过程中，多快是合理的？"推进太快，可能妨碍你进行航向修正的能力。推进太慢，则可能抵消你的推力，使你的试点项目被困在发射台。

注意：如果你对自己的非数字化的生命周期是什么样子的还没有一个清晰的认识，我们建议你暂时不要创建数字化计划。你应当对运营健康的客户在他们得到自己的结果和续约的过程中的体验有自己的看法。然后，你可以想一想数字化工具能够怎样改变向客户提供这些结果的方式。

哪些客户和人物角色

在考虑重点关注生命周期的哪个时刻时，你要确定从哪些客户或者客户细分群体以及哪些人物角色开始。这听起来容易，但做起来难。如果你习惯于让客户成功经理采用人工的方式去接触每一位客户，那么，"放弃"控制权的想法可能给你和客户都制造了焦虑。

根据我们的经验，关键是从代表低风险的情形、客户和人物角色开始，在树立了信心之后，再扩展计划。这意味着，对大多数软件即服务公司来讲，首先从消费水平最低的客户细分群体开始。为了进一步控制风险，你要实施一个试验计划，其中只包含一些新客户，这样你就可以在数字化计划开始推行的第一天对他们建立合适的期望。至于人物角色，你要从技术性最强的人物角色开始，如系统管理员，他们往往对数字化体验持开放的态度。

随着时间的推移，你要扩展计划的范围，将更多的客户和人物角色包含进来。在扩展范围时，你可能发现很多客户已经知道的事实——高价值的人物角色（如高管）更容易通过数字化方式来接触，或者只能通过数字化方式来接触。大多数软件即服务公司还发现，与数字技术问世之前的期望相比，他们的最大的客户希望自己的客户旅程中的某些部分是自助服务。最后，在整个客户群体中扩展你的数字化计划，有助于你接触所有客户，尽管客户成功经理主要和少数几位重要的利益相关者互动。

在推行数字化计划之前，我们建议你采用分为三个阶段的方法进行测试和学习。

- **第1阶段**：实验和测试支出较少的客户。在这里，你可以运行AB测试[1]，了解哪些是有效的，哪些是无效的。
- **第2阶段**：一旦你获得了成功的测试结果，而且你认为数字化计划或者互动对客户群体中的其他客户产生的将是净中性的或净正面的影响，那么，下一阶段就是将计划推广到你的所有客户之中。在此基础上，可以根据需要进行额外的优化。
- **第3阶段**：现在是时候全面实施计划了，将其从孤立的行动方案转变为嵌入客户生命周期中的持续的计划。

使用不同的渠道

现在你已经选择了你想要解决的问题，选定了你将在生命周期中的某个精确时刻来解决问题，并且挑选了你想要接触的客户和人物角色，那么，是时候开始考虑你将使用什么数字化渠道来推动你希望客户和人物角色展现出来的行为了。在你开始为数字化客户成功计划设计渠道时，这里有几件事情需要考虑：

---

1 AB 测试，又称 A/B 测试，是一种新兴的网页优化方法，可用于提高转化率、注册率等。AB 测试本质上是一个分离式组间实验，以前进行 AB 测试的技术成本和资源成本相对较高，但由于一系列专业的可视化实验工具的出现，AB 测试已越来越成为网页优化常用的方法。——译者注

- 当前你正在使用哪些渠道？哪些渠道最合适你？
- 哪些渠道在推动你实现目标的行为方面可能是最有效的？

为了便于决策，你也许想参考一下你的产品路线图并进行审核。观察客户的关键行为，提出以下问题：

- 哪些行动是客户为了达到他们的重要目标而采取的？
- 他们使用什么渠道？有没有规律可循？
- 他们真正喜欢哪些类型的内容？那些内容是不是涵盖了我们产品的某些部分或者重要的领域？我们能从中学到什么？

如果你拥有足够的数据来判定接下来的发展趋势，就把那些数据作为基准来设计你的渠道，构思你将通过渠道发布的内容。如果没有足够的数据，就使用现有的数据，并在了解更多客户以及他们的偏好的基础上进行迭代设计。

或许，这取决于你的组织规模、你可用的资源，以及你的数字化成熟度的等级，渠道设计的决策可能（起初）不是根据客户的偏好，而是根据当前最容易的或者最节约成本的设计方案。虽然我们在第5章中介绍过，集中的、多渠道的数字化客户中枢是一个卓越的自助服务赋能工具，但它并不是必需的。如果你缺乏财力或人力资源而管理这样一个平台，或者需要一种应急的方式来立即解答客户的常见问题并消除他们的痛点，那么，可以从一个简单的社群平台开始，该平台除了有一些帮助文章和常见问题答疑，没有别的功能。推动客户使用这种形式的资源，比向他们提供完全没有自助服务选项的资源要好。

此时，不要太担心生产价值和其他的外观包装。只要想一想你的客户将从数字化资源中获得的价值，而不是这些资源的包装。

不论你最终选择了哪些渠道，都请不要有这种错误的想法："嗯，我们具备发送电子邮件的能力，所以……就让我们使用电子邮件吧！"你知道，接下来的事情就会是，你创建的每一种数字化的行动举措，都是电子邮件。而你的客户接下来就会想："哇！我这个星期从供应商那里收到了5封电子邮件。我根本不会打开看。事实上，我要开始把它们存档了"。过不了多久，你的电子邮件就会进入世界各地客户的垃圾邮件文件夹中。

选择最适合目标受众的渠道

要认真思考针对每个受众群体的合适的渠道。在决定每次与客户接触应当使用电子邮件还是应用程序内的消息之前，想清楚他们为什么使用以及怎样使用这种渠道。

例如，当你想对最终客户开展净推荐值的调查时，你默认的渠道可能是应用程序内的消息（尽管对高管级别的利益相关者来说，电子邮件通常是一种更好的默认渠道）。对最终客户来讲，产品才是所有奇迹发生的地方。它是客户旅程和体验的核心组成部分。因此，你在和最终客户互动时，想方设法将所有的内容都保留在产品之中。想一想你可以怎样将产品变成一个一站式的商店，不仅用于解决客户的痛点，而且用于回答客户的疑问。

自数字化客户成功诞生以来，许多人将它等同于一对多的电子邮件活动。没错，电子邮件的确是个好工具。然而，鉴于今天的电子邮件中产生了大量的"噪声"，和应用程序内的消息相比，最终客户更可能会忽视电子邮件。此外，产品是客户付费购买的，客户将大量的时间都花费在产品上面。因此，应用程序内的交流有助于你在客户所在的地方和他们相遇，也在他们在旅程中所处的位置和他们相遇。他们是在客户引领阶段、产品采用阶段，还是到了续签的第二年？他们是轻度客户[1]、高级客户，还是超级客户？他们的人物角色是什么？所有这些因素，在你决定选择哪种渠道或哪些渠道以及何时进行交流等的决策时，应当一并考虑。

---

1 轻度用户（Light User），也称"轻玩家"，一般是电子游戏业界的术语，指对游戏没有特别研究，仅将游戏作为日常生活中的一种娱乐手段的玩家。——译者注

应用程序内的消息是帮助客户十分迅速地实现价值的一种卓越方式。虽然电子邮件包含的内容可能比某些接收者愿意阅读的内容要多，而社群需要其成员费劲地登录，和其他成员互动，并且提出问题，但应用程序内的消息可以说不需要客户动一根手指头。他们不必登录到某个网站或者接听电话。他们可以在原地不动，对许多客户来讲，这是一种理想的体验。如果你试图让客户采取的行为聚焦于使用产品，那么，应用程序内的消息是一种最好的方法（尽管当你着眼于推动一对一的社交时，社群似乎更合理一些）。

使用应用程序内的消息时，你可以根据客户处在什么位置向他们提供一份清单，指导他们采取他们应当采取的最有价值的行动。你还可以通过客户的应用程序体验来提高产品新功能的知名度，而不是用电子邮件向客户发送发布说明。接下来，你可以促使他们采用那些新功能，并使用应用程序内的调查来收集关于该项发布到底有多么相关或多么有益，以及客户是否会采用等方面的反馈。简单地讲，整个的发布体验都可以在应用程序内发生。

你甚至可以使用你的产品来方便客户进行活动注册，或者将客户推向其他的渠道（而且，通过自动地限制在某个特定时间段内某些客户只能收到多少条应用程序内的消息，你可以在发送消息的同时，不至于使客户产生"通知疲劳"）。

有时候，向客户提供一种综合的数字化渠道的体验，也许是合理的。例如，你可能用电子邮件来启动客户引领流程（以便让客户第一时间了解产品），然后过渡到应用程序内的清单和攻略。在此基础上，你可以鼓励客户与你的社群或客户中枢互动，以获得额外的培训，并开展一对一的社交。有些客户对借助社群平台来与同行们互动感到很高兴，甚至热切地期盼。我们在第2章中讲过，不要低估社群的价值。说到使客户能够在一段单一的、个性化的、自动化的旅程中实现自助服务，没有哪种工具比基于社群的一对一联系更好。

起初，这些互动可能仅限于对基本的常见问题答疑，但随着时间的推移，它们会迅速发展，以至于你的社群平台会演变成一个多渠道的客户中枢，也就是一个集中的目的地，它包含社群、客户教育、知识中心等。这个集中的目的地，主要是为了为客户创造一种个性化的体验。除此之外，客户中枢使客户能够进行虚拟的（有时候是面对面的）聚会和参加圆桌会议，对个别的思想领袖来讲，还可以创作和分发文章和视频（今天，Gainsight社区甚至包含一个平台下的社群，那是我们的管理员在Slack平台为他们推出的社群。这样一来，我们不再只从平台本身的角度来思考社群的事情，而是从我们着眼于在不同的客户之间，以及不同的客户与我们之间的关系的角度来思考社群事务）。

创造成功的社群不是一夜之间的事情，但当你把这件事情做对了，它不仅能够减轻客户成功经理的负担，而且可以作为一个核心的枢纽，使你的客户在其中能够访问他们为到达更有价值的里程碑所需的一切资源，进而产生社群承诺的商业成果。

虽然多种渠道的结合使用往往能产生最佳的结果，但也要小心。你使用的渠道应当相互协同，以帮助客户实现价值，不至于让他们因为信息过多而忽略了他们想要达到的目标。

密切关注你的带宽

在规划你的第一项行动举措时，密切留意你的带宽。假设你的团队中客户成功经理有限，那么，选择在什么位置部署你的人员和其他资源，是一个必须提前回答的问题。数字化客户成功最不应该做的事情就是制造带宽问题。数字化客户成功就是为了扩展你的团队的带宽。但是，如果你对摆在你面前的每一个想法都说"是"，那就很容易失去对你的计划范围的控制。为了保护你，也为了保护你的团队，要习惯说"现在不可以""我们还没有准备好做这件事""我们是不是需要把其他的事情往后放一放"。

考虑你可以怎样与商业合作伙伴进行这样的权衡是至关重要的事情。他们也许以局外人的身份观察你所处的情形，并且说"来吧！这不就是一个简单的电子邮件活动嘛"，而你却知道，为了有效地提示客户采取适当的行动，哪怕是一场简单的电子邮件活动，也得付出很大的努力。即使是最简单的，也不是起草几个文案那么简单。

我们之前说过这一点，但现在值得再次重申：不要企图一下子做好每一件事。不要企图同时处理所有的高度问题，也就是指望宇宙飞船一下子占据所有轨道。

重点关注某个特定的客户或者客户细分群体，最好是一个重要的客户细分群体。确定这个客户细分群体的独特需求/问题，然后选择最有益于他们的数字化体验。此外，选择将为你的公司和客户公司都产生最大收益的用例，比如，增加对你的产品的"黄金功能"的采用。想象一个这样的场景：你的客户位于数字化成熟度频谱上。作为供应商，你可以调高或调低客户收到的数字化体验。随着时间的流逝，你也可以把控制权交到他们手中，这样的话，个人客户就可以选择他们想要的综合了由数字化主导与由人工主导的体验。

努力争取失控的吸积

回到我们以太空为主题的类比，这里有一个也许被证明有用的行业术语：失控的吸积（Runaway Accretion）。失控的吸积是指太空中的大质量物体将物质吸向其自身，使自身体积变得更大，并继续吸引更多物质的过程。这种吸积的过程一直持续到物体变得十分巨大，以至于它强大的引力可以从很远的地方吸引物质。

我们把这个术语放到客户成功领域，它是这样的：如果你的数字化行动开展得很好，那些进行高感性接触的客户成功经理应当在想："为什么我的客户细分群体没有实现数字化？为什么我的客户没有获得这种体验？他们太需要了！"

失控的吸积是动量的另一种说法。随着一次实验成功并被嵌入客户的生命周期之中，你随后会变得更大，将测试更多的实验计划，将它们更多地嵌入客户的生命周期，依此类推。接下来，你也可以回到你的领导层那里，对他们说："我们测试了一个新的流程，这就是我们看到的结果。有了这些，我们会再添加另一种数字化体验。"

变得越来越大，然后更大……

在Gainsight公司工作，有许多美妙的事情，其中一件是，公司鼓励每个人都去实验。结果，我们和许多不同的团队开展了实验，包括着眼于那些在产品体验中推动旅程向前发展的团队。在这一章剩下的部分，我们将整合这些知识，并且着眼于最成功的数字化客户成功方法。

根据我们的经验，我们认为，启动数字化计划的最佳方法是从你手头拥有的数据开始，不管它们是有限的，还是不完美的。在这个基础上，寻找各种机会来提炼你现有的数据，并且获取额外的（以及更具体的）信息。奥克塔公司的梅丽莎·艾伦（Melissa Allen）这样告诉我们：

总有些事情阻碍你前行。但你必须从某个地方开始向前。一旦你迈出第一步，你会对自己即时学习的能力感到惊讶。就从那里开始，你可以调整方向，可以迭代，可以构建。

几年前，我们拥有的数据点和现在相比不到一半，而且，我们不了解哪些数据是我们需要的，直到后来，我们才开始发现哪些管用，哪些不管用。就是这个样子。你必须迈出第一步。你要学习，然后才会意识到："啊哈！现在我知道下一步要去往何方了，谢天谢地，我学到了所有这些知识。"因此，就从某个地方开始迈出你的第一步。如果你不试，怎知最终能走到哪里呢？

对艾伦来讲，选择生命周期中的某个时刻来启动第一个数字化计划，根本就不需要动脑子，而是一件显而易见的事情。

肯定是客户引领。如果你不尽早带领他们——要么是某个旧系统的新管理员，要么是某个新系统的新管理员——那么，我们的系统就不会对他们产生黏性。他们不会明白自己买了什么产品，他们不会理解所有那些触手可及的功能。所以，如果你只做了一件数字化的事情，那就让他们进入客户引领流程，让他们觉得自己知道自己在做什么。让他们感到，这产品用起来很顺手——所有那些很酷的东西，如今可以随手拈来。

在Gainsight公司数字化旅程的开始（主动阶段），我们开展了普通的一对多电子邮件活动和应用程序内的交流。这些交流包括尼克每月发布一次简报，以及每月向首席客户官发送一份简报，并且不需要特定的账户、客户或人物角色的数据就可以进行这样的交流。这些计划帮助我们发展壮大数据库，并鼓励进行更多的互动。它们还有助于我们测试不同内容的有效性，主要看哪些能够引起客户的共鸣，哪些不能。

将我们带入个性化阶段的下一步是恳请我们的客户帮助收集更多的数据，也就是那些有助于我们将他们的体验个性化的各种信息。"这是我们为贵公司准备好的联系人名单。你能不能确认这些人是否还在贵公司任职，并且仍然担任和之前同样的职务？"对这些提供帮助的请求，64%的客户给予回应。

此外，客户成功团队与我们的产品团队密切合作，以改变我们某件产品的登录流程。我们设计了包括两个步骤的登录流程。后来，每当客户第一次在产品中注册时，我们都会展示一份简短的两步调查文件，以帮助我们收集更多的数据（这份调查的回复率达到了95%）。

这些方法帮助我们从每个客户群中收集到了有关客户的大量数据。这些数据有助于我们将许多内容和计划个性化，进而帮助我们推动产品的采用。正确的人收到的电子邮件的概率增加了5个百分点。客户打开电子邮件的比例上升了6个百分点，电子邮件的点击率攀升了7.5个百分点。

收集这些数据，我们花了几个季度的时间，但通过这些方法，我们正朝着失控的吸积前进，也向着预测阶段的门槛迈进。

准备好扩展了吗

一旦你创建了你的第一个数字化计划，问题就变成了"我该怎样进入下一个阶段？我怎么扩展？"

要牢牢记住，数字化客户成功是一个将数字化与人工的互动结合起来的频谱，所以，我们建议你考虑以两种方式来扩展。

- 我如何才能扩展我的数字化旅程、计划或者与客户的交流？
- 我如何才能扩充我的客户成功团队？在客户旅程之中，在这个我可以提供大规模的人工与数字化接触点的旅程之中，有些什么重要的里程碑？

在Gainsight公司，我们的第一波扩展举措中的一项是简单的"欢迎电子邮件"，它是我们客户引领计划中的一部分。每位新客户都会收到一封，其中的内容基本上是这样的："欢迎您！我们对您加入我们的客户群感到非常兴奋。这里是你开始与我们合作的五个步骤。"随着时间的推移，我们对引领计划和电子邮件进行了优化。今天，我们设计的"欢迎电子邮件"十分精美，针对每一位客户，并且根据人物角色进行了个性化设计。但这些不是一夜之间就做好的。它是随着时间的推移而逐步发展和完善的。

如今我们还有一种多渠道的策略，它包括我们的客户中枢，在那里，所有客户都可以咨询一个内置在应用程序内的知识机器人，新客户则可以参考客户引领清单（参见图8.2）。我们还采用一种汇集的客户成功经理模式，并且向客户发送高度专业化和极为个性化的电子邮件，以作为客户引领计划的一部分。

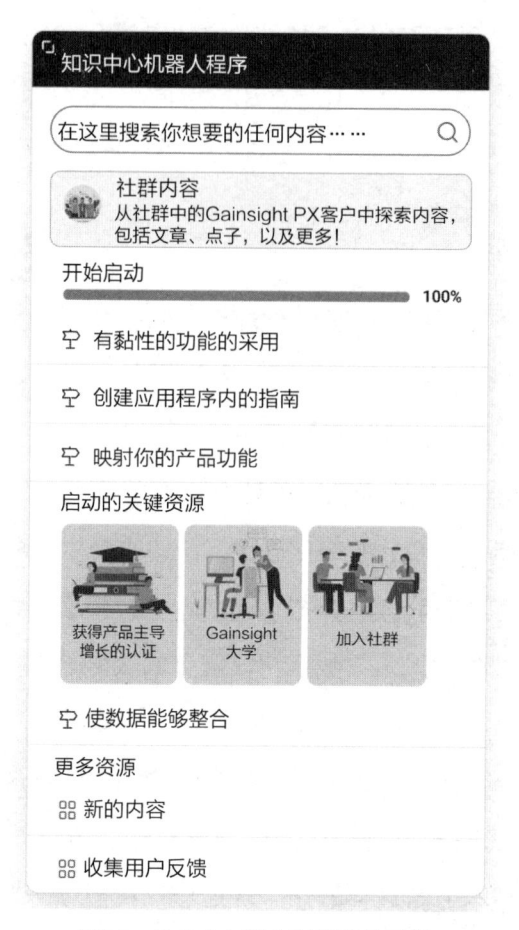

图8.2　Gainsight客户引领清单示例

那么，如何来扩充你的客户成功团队呢？我们收到了客户提出的许多问题，询问怎样组建我们自己的数字化客户成功团队，尤其是"你们的组织结构图是怎么样的"。

我们已经看到三种常见的组织设计呈现在数字化的客户成功计划之中（参见图8.3）。通常情况下，我们从跨部门的指导委员会的方式开始。因为主题专家（内容、应用程序内、一对多的活动、社群）常常分布在整个组织中，所以，主题专家小组往往作为一个虚拟组织聚集在一起。随着时间的推移，主题专家小组发展成一个集中的、专门的团队，一般由首席客户官领导。最后，我们在多个部门中培养相关的能力。

常见的组织方式

#1 共同掌控
X-FX 主题专家组w/
共同的目标和专业知识

- 内容（营销）
- 应用程序内（产品）
- 一对多的交流（客户成功运营）
- 社群计划

#2 集中的
一位专门的数字化领导者+
向首席客户官报告的团队

数字化客户成功团队

#3 分布的
数字化能力是多个职能部门的一部分，向职能部门领导汇报

营销　客户成功　产品

图8.3　数字化客户成功计划的三种常见的组织设计类型

图8.4展示了一个数字化客户成功组织结构图的示例。

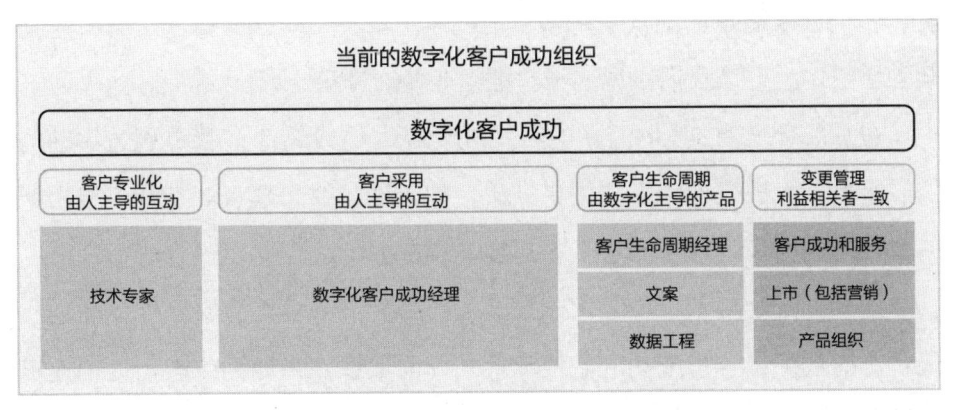

当前的数字化客户成功组织

数字化客户成功

客户专业化 由人主导的互动	客户采用 由人主导的互动	客户生命周期 由数字化主导的产品	变更管理 利益相关者一致
技术专家	数字化客户成功经理	客户生命周期经理	客户成功和服务
		文案	上市（包括营销）
		数据工程	产品组织

图8.4　数字化客户成功组织结构图的示例

在Gainsight公司，我们有三个不同的团队，每个团队专攻一些特定领域，而我们的客户成功组织结构是围绕这些团队来搭建的。

团队1负责生命周期计划。他们聚焦理解客户生命周期中的重要里程碑，并且试验不同的活动，以观察哪种活动在客户中产生了反响——哪些内容管用、哪个渠道具有最大的影响，诸如此类。他们的工作为我们提供了一个验证结果的框架，以便大规模地助推成功。

团队2负责体验计划。他们的主要工作是思考最终用户的旅程和体验，引入多种渠道，并考虑端对端的旅程和体验应该是什么样子的。这个团队组织各种活动，以支持内容创作、代言和互动。

例如，我们辨别了一些使我们的客户变得极有黏性的功能。在研究了

Digital Customer Success

这些数据后，我们认定，如果某位客户使用了5项特定的功能，那么留存率肯定更高。这些功能使客户变得超级富有黏性，不太可能流失。因此，我们的下一步是在客户中观察这5项功能的采用数据。在做好这件事之后，我们选择了客户采用低于50%的3项功能，在此基础上，我们与我们的客户成功经理合作，制订推动采用率增长的计划。

最终我们确定，将办公时间上门拜访、应用程序内的指南以及电子邮件活动结合起来，每种方式都聚焦1项特定的功能，持续1个月时间，才是提高所有这3项功能采用率的关键。我们并没有在这里止步，下一个季度，我们继续追踪、观察了每项功能的采用情况，以确保每次上升都是持续的增长，而不是我们最近的一次推动造就的昙花一现。

最后，团队3由我们汇集的客户成功经理组成，他们着重通过主动的外展服务，大规模地为客户提供结果，如最佳实践的建议。在我们推出新的数字化体验和计划时，他们还充当积极的监听站。

这3个团队全都拥有类似的主旨专业知识和相互重叠的目标，驱动我们客户的数字化客户成功的旅程和计划向前发展。为做到这些，他们提出关于最有影响的活动和扩展的计划的建议，这些活动与计划可以减少客户流失，确保其续约，并且使我们的客户成功经理能够将更多的时间用于开展高质量的活动。

Popmenu公司为借助自动化提升你的效率提供了四步法

对于那些难以用更少的投资实现更大价值的客户成功组织来说，如何将低影响的流程自动化并实现扩展，是释放更大效率的关键所在。Popmenu是基于云的餐馆技术领域的一家领先公司，该公司前客户体验副总裁杰斯·基特（Jess Kitt）曾在2023年度Gainsight公司的"脉冲"大会上进行演示。在那次演示中，他提出了四步法，以帮助你辨别你的客户旅程中早期的自动化机会。

推出第一项数字化计划，对许多客户成功经理来说可能是一项令人望而生畏的任务。他们心想："我们现在还没到这个地步。我甚至不知道怎样开始。"

那么，你怎样开始呢？

这里是基特的建议。

第1步：要做的第一件事是审视你的客户旅程。我们知道，我们需要关注每一个客户细分群体的客户旅程。需要记录与每个阶段相一致的核心活动，并且为每个客户细分群体审查这些活动，将其结果写在白板上……然后告诉大家："这就是我们在研究的东西。"

第2步：关注这些活动，辨别实现自动化的机会，助推你的团队提高效率，并且"保护你的神奇时刻"。我喜欢把神奇时刻想象成具有很大影响的练习，其中，你会与你的客户建立密切的联系，而且你不想失去这种联系。你仍然需要这些。在你的客户成功的工作中，你仍然需要人的因素，但你可以将这些神奇时刻周围的一切都自动化，也许在这些时刻发生之前，又或许在它们发生之后。（在做这件事的同时）重要的是辨别你不希望自动化以及希望自动化的活动。

第3步：一旦你记下了所有的事情，并且围绕什么东西可以自动化而提出你的观点，你就做好了直面大多数供应商面临的最巨大挑战的准备。不论客户成功的领导者制订了多么完美的计划，他们往往还是认为自己没有足够的数据，或者没有足够清晰的数据来实施这些计划。因此，只要你确定了你想做的事情，就要问自己："我们怎么做这件事？我们需要的数据源是什么？"如果你还没有实现某些目标，那么也不要气馁。相反，确定你能做什么，也就是说，眼下对你来说什么是可能的（特别是那些容易实现的目标）——并且开始向着那个目标前进。

这也许是件很小的事，但如果你朝着正确的方向迈出步子，那么开始制订计划吧。把你的那些零零碎碎的活动全都整合起来，制定一个数字化客户成功战略，为自动化提供强大动力。

第4步：持续改进。我看到有些客户对第1、2、3步十分专注，完全沉浸在其中，以至于彻底忘记了第4步。当我说到持续改进时，我的意思是，当你在这些自动化的基础上制定战略时，一定要确定它们是否可行。客户是不是在做我们想让他们做的事情？构建一个流程来评估他们，以保证他们在有效地改进，也就是说，他们正在对你的团队产生积极的影响，或者是提升了你的团队的效率。

哪种自动化的机会最适合基本的、前瞻性的活动？换句话讲，公司首先应该考虑哪些容易摘到的果实？

通常情况下，这些机会是在客户旅程的开始找到的，也就是客户第一次获得引领时。基特说：

我们看到许多这样的机会。我们的客户成功经理向客户发送电子邮件，欢迎客户或者介绍他们自己，而我们当时想："我们不能把这件事情自动化，因为我们希望这种交流是个性化的，我们想让这种交流人性化。我们想让客户在收到这份电子邮件时感到温暖和亲切。"但这仍是一个自动化的机会。

在那些使客户成功经理能够更个性化沟通的客户成功解决方案中，可以找到这样的机会。

例如，一个卓越的数字化客户成功平台将使客户成功经理能够在他们的欢迎电子邮件中插入一些关于客户的独特的事实，使客户在阅读邮件的时候产生一种个性化的感觉。

客户成功经理花时间和客户交流，以理解他们正在试图实现些什么目标，以及正在试图从你的产品或服务中获得些什么。如果你的客户成功经理通过打电话来做这件事，那么要考虑你可以怎样将这个过程自动化，以提升效率。（充分利用你的客户成功解决方案。）你可以向客户发送一次预调查：告诉他们你希望他们实现的成果，请他们向你反馈，然后将他们的回复自动化纳入一个成功计划之中……客户成功经理负责执行这个成功计划，并努力推动计划前进。

客户旅程的另一个阶段是采用阶段，通常来讲，这个阶段的自动化机会很多。

长期以来，客户成功经理启动一个电子邮件线程来协调电子商务关系（Electric Business Relationship，EBR）。他们来来回回地和客户商量："你什么时候有空？我什么时候有空？"我们的团队为此挣扎不已。这种来来回回地商量而试图找到一段共同时间的做法是低效的。然而，我们可以做的是将这个过程自动化。在我们想与某个客户建立电子商务关系的很多天之前，就自动地发送一封电子邮件。在这个客户成功平台上，我们可以添加客户成功经理的日历和确定链接……然后将该链接标记到电子邮件之中，以便我们可以让客户确定一个双方都方便的时间，目标是在某个时间段内见面洽谈。也许你可以给他们几个星期时间来做这件事。

这是另一个好机会。当支持工单升级时，客户成功经理收到"行动号召"（Call To Action，CTA）脚本（许多供应商试图对客户建立全方位的观察，将大量不同来源的数据引入进来，支持数据是其中的一种）。大多数供应商追求的一个机会是，不论什么时候，只要某一张工单或者一定数量的工单在某个特定的时间段内升级

> 了，就可以对行动号召和指南实现自动化。我们当前正在和一家公司合作……这家公司使用人工智能，对工单进行分析，让我们事先知道工单什么时候将升级。我们正竭力利用这一技术，使我们的团队进一步提高效率。
>
> 要再次强调，别忘了第4步。观察我们正在进行的自动化行动，并且确保客户在做我们想让他们做的事情，对我们尤其是我们的客户成功运营团队的确太重要了。这是一种持续改进的模式，我们称之为"计划，做，研究，行动"，它遵循了以上概述的框架。我们首先要制订计划：我们希望辨别可以将什么东西自动化。其次要在我们的客户成功解决方案中制订一个自动化计划。在部署了这个计划后，要研究它，以确保它能运行良好。它是不是在做我们想让它做的事情？它是不是对我们的客户成功组织产生影响，使之更加高效？有些什么研究发现？我们可以怎样调整或改进它？最后，我们将接受这些改进，并且在制订新计划的时候将它们考虑进来，使整个计划变得更好。

客户在哪里，就在哪里和他们交流

"全渠道交流"和"全渠道计划"是我们这个行业中随时可见的术语，但它们实际上只是漂亮的说法。如果换成普通的说法，就是"客户在哪里，就在哪里和他们交流"。如果客户更喜欢电子邮件，就向他们发送电子邮件。如果他们喜欢在应用程序内，那就在应用程序内和他们交流，并提供指导。另一种说法是，你得通过多种渠道，大规模地提供各种策略，以便在正确的时间向正确的受众发送正确的内容。

如果你发现自己投入了大量的时间和精力来确保交流在风格、语气和格式上都统一，并且你开始想"这并没有最好地利用我们的时间"，那么，请你再想一想，从对方的角度想一想。如果你是一位接收内容的客户，你收到的内容看上去甚至不像来自同一家公司——从它试图提示的行动和它所强调的优先级来看，这些内容没有重点——那么，你或许很快就感到十分困惑（要牢牢记住，B2B客户的期望正在迅速赶超B2C客户的期望）。

你发出的消息的质量很重要。设计也很重要。我们一次又一次地看到它有多么重要，这正是我们今天如此拼命地在我们的全渠道计划中创作包含编辑技巧和图形的高质量内容的原因。

不过，说到底，推出你的第一项数字化行动举措涉及开始行动，而开始行动又涉及正确看待你当前的状况。你的公司面临的重大挑战或机遇是什么？你想改变些什么？要怎样来改变它？找到你的起点。我们首先是向客户发送一封欢迎邮件，现在回想起来，这似乎十分原始。邮件只包含几行文字，没有图形。但发送第一封电子邮件，总比根本不发送邮件要好，如果是后面这种情形，那么客户会想："这算什么？我刚刚花了5万美元买这件产品，现在过了整整一天，我还没有听到Gainsight公司给我发来任何消息。"你绝不希望客户产生这样的想法。

最后，别忘了在推出你的数字化客户成功计划的早期就评估成功并迭代各种方法。在你前行的时候进行微小的纠正，使自己能够在更长远的时间内更快地扩展。除此之外，一定要经常检查你的状况。问你自己："我们在这个数字化客户成功的平台上运营达到了什么等级？"不要试图一次性解决以下所有问题：

- 生命周期阶段；
- 市场细分；
- 产品等级；
- 渠道。

在较低的海拔高度上起步，并在此基础上不断上升，最终，随着你不断扩展，你将达到旅程中的更多阶段，触达更多的客户细分群体。通过练习，你会知道在哪里调整你的数字化计划。

当你小步开始，并且帮助团队取得成功时，扩大影响范围的可能性就会变得触手可及，创造价值的机会也将变得不可思议。通过利用先进的分析技术和人工智能驱动的深刻洞察，各组织能够达到客户满意度、留存率和代言的新高度。

小结

当你开始为你的第一项数字化客户成功行动举措而做计划时，我们强烈建议挑选一个可以掌控的起点，而不是企图立即解决所有的问题。刚开始时迈小一点的步子，与其试图设计一个涵盖整个客户生命周期的宏伟的数字计划，不如选择生命周期中的某个时刻，从那里开始启动。

在销售合同签订后，客户对你的产品的第一次体验（通常也是容易忽略的体验）是"欢迎电子邮件"。在许多方面，这是至关重要的时刻。因为这是客户对你的产品或服务的首次体验，它为你们之间的关系确立了基调。好的欢迎邮件设计用于开启客户的旅程。

在数字化客户成功中，要产生足够的推力，以达到在当前条件下的"逃逸速度"，需要一个精心搭建的"发射台"，也就是说，以清晰的计划章程为形式的"发射台"。因此，第一步是问你自己："为什么人们要从这条路开始迈出步子？我们的目标是什么？我们将使用哪些方法来实现这个具体的目标？"这将帮助你制定清晰的计划章程，并明确阐述你的目标，让你的整个公司都能理解。

一旦你清晰地阐明了"问题陈述"，就要选择一个主要指标，使你能够确定你是不是取得了进展。考虑你最关心的结果是什么，辨别你想重点关注的唯一的"北极星"指标。然后，确定哪个领先指标与该项结果相对应。

要确定什么管用，什么不管用，你得挑选领先指标。

- **接触**：我们是否能够识别并接触正确的客户？
- **效果**：我们是否成功地说服客户做出期望的行动？

正确的领先指标有助于你预测和影响滞后指标，如投资回报。一旦知道这些里程碑是什么，你就可以决定对照哪些里程碑追踪哪些数据点，并且选择其中对你来说最重要的一个。你的主要指标应当是使你更接近目标的那些指标。

继续向前，你要提防任何范围蔓延的信号，并且留意你的速度。问你自己："在向前推进的过程中，多快是合理的？"推进太快，可能妨碍你进行航向修正的能力。推进太慢，则可能抵消你的推力，使你的试点项目被困在发射台。

接下来，要确定从哪些客户或者客户细分群体以及哪些人物角色开始。根据我们的经验，关键是从代表低风险的情形、客户和人物角色开始，在树立了信心之后，再扩展计划。

在推行数字化计划之前，我们建议你采用分为三个阶段的方法进行测试和学习。

- **第1阶段**：实验和测试支出较少的客户。在这里，你可以运行AB测试，了解哪些是有效的、哪些是无效的。
- **第2阶段**：一旦你获得了成功的测试结果，而且你认为数字化计划或者互动对客户群中的其他客户产生的将是净中性的或净正面的影响，那么，下一阶段就是将计划推广到你所有的客户之中。
- **第3阶段**：现在是时候全面实施计划了，将其从孤立的行动方案转变为嵌入客户生命周期中的持续的计划。

从这时候开始，要考虑你打算采用什么样的数字化渠道，来推动客户展现你想从他们身上展现出的行为。认真思考针对每个受众的正确的渠道。在决定每一次与客户接触应当使用电子邮件还是应用程序内的交流之前，想清楚他们为什么使用以及怎样使用这种渠道。

要牢牢记住，数字化客户成功是一个将数字化与人工的互动结合起来的频谱，我们建议你考虑以两种方式来扩展。

1. 我如何才能扩展我的数字化旅程、计划或者与客户的交流？

2. 我如何才能扩充我的客户成功团队？在客户旅程之中，在这个我可以提供大规模的人工与数字化接触点的旅程之中，有些什么重要的里程碑？

客户在哪里，就在哪里和他们交流。如果客户更喜欢电子邮件，就向他们发送电子邮件。如果他们喜欢在应用程序内，就在应用程序内和他们交流，并提供指导。通过多渠道、大规模地提供各种策略，以便在正确的时间向正确的受众发送正确的内容。

第9章

全公司数字化计划的管理和跨部门合作

清单

- 组建一个数字化客户成功计划团队，明确一位专门的领导者。这个团队发挥类似于"中央委员会"的作用，设定整个公司的目标，制定战略，招聘和监督子公司的"老虎"团队[1]。
- 为每个"老虎"团队分配一项特定的数字化行动，如果有必要，将"老虎"团队分解成更小的执行团队，以监管部署情况。
- 为了充实数字化客户成功计划团队和"老虎"团队，寻找能够代表你公司不同部门的人。
  - ☐ 将他们集中在数量有限的项目上。
  - ☐ 制定一个共同的、跨部门的框架以及共同的记分卡。
  - ☐ 创建带有跨部门评审和签字的项目里程碑。
- 对于某些行动举措，确定由谁负责追踪和检测，谁负责产品体验和消息发送，以及谁负责战略制定和批准。
- 通过向高管展示团队将提供的价值，赢得高管支持。
- 分享跨部门合作的工作成果，并且向公司中的每一个人报告这些行动举措的结果。
- 构建一个数字化客户成功平台，该平台至少支持下面所列举的一个渠道：电子邮件自动化、应用程序内的交流，以及社群和/或客户中枢。

我们长期主张客户成功必须成为一项全公司的行动举措，而不是公司中某个孤立部门的事情。虽然接受我们"布道"的人几乎全都同意上面这种观点，但大多数人从未真正这样执行。相反，孤立的客户成功部门如今

---

[1] "老虎"团队到底形容哪些方面，作者在书中并未详细解释。根据上下文关系，大概是指遇事果决、行动迅速、善于抓住时机并能及时准确出击的高素质执行团队。——译者注

继续占据主导地位。随着更多的客户成功组织开始融合数字化技术、用例和渠道，但现有的问题依然存在——有时候还进一步放大了。这是因为，唯一比孤立的客户成功组织更糟糕的是一个拥有数字化超级能力的孤立的客户成功组织。这些客户成功团队发现自己能够用更少的时间和精力来做更多的事情，于是能够更好地和来自产品、营销和支持部门的员工相互"竞争"与客户交流。结果呢？客户的收件箱里出现了更多的垃圾邮件，客户也更加困惑了，造成各种消息相互冲突，各类资源分散在各处。

直到今天，过时的销售模式仍在许多软件即服务公司的职能团队之间造成隔阂。所谓"江山易改，本性难移"，多年来，企业在以销售为驱动的软件即服务的模式下运行，在整个市场中传播信息，寄希望实现一次性销售。不计任何代价来实现增长的流程依然影响软件即服务公司，即使那些已经采用了可持续增长模式的公司。例如，你的销售团队将使用客户关系管理软件来完成交易，你的营销团队可能有自己的一系列数据来筛选潜在客户，诸如此类。这里的问题在于，孤立的角色常常渗透到客户的体验中，导致客户体验脱节，而脱节的客户体验相当于糟糕的客户体验。

Qualtrics公司的卡里·阿尔达兰于2022年10月掌管该公司全球数字化与扩展成功部门时，遇到的就是这种环境（参见第7章）。

阿尔达兰说：

我们所有这些资源分散在不同的团队中。我的客户中枢团队和社群团队设在支持部门；数字化团队设在客户成功部门。扩展前线属于客户成功部门，但它有一个不同的领导小组。所有的一切都十分孤立。我们还有很多网站，比如，XMI是我们的思想领导力网站，Basecamp是我们的培训网站，但没有什么能把这些网站统一起来。我们的客户说："你们只是不停地给我推送这些网站，却没有告诉我明确的旅程。"

因此，当我来到Qualtrics公司时，公司领导告诉我，目标是"让我们将所有这些团队聚集起来，并获得一定的协同效应。如果我们已经有了一个自助服务的入口,为什么社群还要单独设自助服务的入口?客户在这些不同的网站上访问我们现有的资料,需要通过多个入口点"。我们还想为我们的售后沟通确立一个统一的负责人,因为之前员工给客户发送了多份新闻简报。这完全是脱节的,没有人考虑到整个客户旅程是一起推进的。

在《客户成功》(*Customer Success*)一书中,尼克用一个比喻来描述客户成功时代之前供应商与客户的关系。他说,这种关系好比湖中两艘并排漂浮的小船,两艘小船上都没有人。它们在水面上漂浮着,但不会一直保持并排。要让它们始终保持并排,至少得让其中一艘小船上有人(最好是两艘都有)且不断划动船桨。客户成功团队的工作就好比至少在一艘小船上划桨。

现在设想一下,我们不是一两名客户成功经理在划桨,而是来自公司不同部门的十几个人一同跳上那艘小船,每个人都拿着他自己的设备,如船桨、皮艇桨和舷外发动机等,争相把小船转向不同的方向。这就是在缺少跨部门合作的情况下供应商与客户之间关系的形象比喻。每个部门都对同一些客户设定了他们自己的目标,使用他们自己的指标,并且发送他们自己的消息。结果呢,往好里说,这是一种不连贯的体验;往坏里说,这是一场彻头彻尾的混乱。

为了防止这种现象发生,组织中的每个团队都必须在同一时间,使用相同的装备,朝着同一个方向发力。

跨部门的合作汇聚动力

早在疫情发生前的几年,软件即服务公司的领导者开始意识到,需要加强跨部门的合作。而在科技衰退后,这种趋势进一步加速了。随着新的销量增速放缓,加上技术领导者发现保持收入不下降的唯一方式是留住现有客户,许多公司将关注的焦点从净增加的新销量转向了现有客户的留存和扩展。当所有人的目光都聚焦在净收入留存和不惜一切代价增长上时,客户成功就成了头等大事。此外,产品部门必须更密切地倾听可能导致客户流失的任何摩擦点,同时必须更努力地工作,以确保客户能够取得他们期望的成果。

数字化体验本身的特性使增强合作变得更加紧迫了。事实是,数字化的客户体验通常被嵌入产品中,这创造了更大的需求,也就是以更加连贯和丝滑的方式引导客户在应用程序内游刃有余地操作。这要求产品管理和市场营销、产品、支持等部门与客户成功团队合作并保持沟通顺畅。

通过数字化客户成功计划团队来合作

最近我们在软件即服务公司中见证的最大的转变是组建了专门的数字化团队,或者专业的数字化客户成功计划团队("扩展的"团队)。不管它叫什么名,这种团队的任务是一心一意地聚焦如何通过数字化客户成功和扩展的计划来提高留存率和销量。

在Qualtrics公司,卡里·阿尔达兰的数字化和扩展团队填补了这个空缺,提供一种共享的服务,将各部门凝聚到一起来,勾勒出完整的客户旅程,并确定他们可以将什么自动化和/或数字化。数字化和扩展团队设定整个公司的数字化成功目标,并制定广泛的战略。实现这些目标和实施这些战略是"共同掌舵"(SteerCo)这个团队的工作,它由公司不同部门的领导者和代表组成(如专业服务、支持、续约等)。

阿尔达兰说:

Qualtrics公司的流程是让一个战略委员会位居顶层,战略委员会由业务流程的负责人、利益相关方和数字化旅程架构师组成,其职责是概述公司的业务痛点、流程及运营。接下来,我们有一个较小的"执行部门",它由个人组成,这些人提出解决方案,涉及我们怎样将工程流程数字化和自动化,并在部署之前进行测试。最后是一个"共同掌舵"团队,通常由来自整个公司的高级管理者组成,负责审查所有这些工作。

阿尔达兰强调，在Qualtrics公司，不同的跨部门团队不会被分配去开展与特定用例或渠道相关的活动。相反，他们要规划并执行包含大量客户旅程的行动举措。

因此，说到续约的经历，我们并不会从某一项活动的角度来看待，而是从客户整体的体验来看待。我们想让它十分协调。

我们首先与整个公司的业务负责人会谈。我们概括出所有的客户引领流程和所有的续约流程是什么样的。我们辨别流程之间的差距，并且一直致力于全面地将它们数字化。

对于我们计划部署的每一段旅程，我们有一位业务负责人，有一位高管发起者，还有一个执行团队。因此，我的团队中有一位旅程负责人，他是执行团队的一员，我还有一位产品主管。他们一起与业务负责人见面交谈，并且说："让我们了解你的业务。差距在哪里？我们可以将什么数字化？"他们每周都举行这些面谈。接下来，我们还与领导层每月举行"共同掌舵"的会议，在这些会上，我们探讨做出的所有决策、正在推出的产品，以及路线图的计划等。所以，我们基本上有不同的关口评审[1]。

我们建议，不论规模大小和成熟度等级如何，软件即服务公司都要使用Qualtrics部署的那种模式来组织和构建他们的跨部门合作。这类似于我们在Gainsight公司使用的，以促进全公司范围的合作的模式。在这里，我们组建了一个数字化客户成功计划团队，有一位专门的领导者（我们的客户体验与扩展项目的主管）。这个团队由那些与重要部门密切合作的个人组织，发挥类似于中央委员会的作用，负责设定整个公司的客户成功目标，制定战略，并招聘和监督子公司的"老虎"团队。每个"老虎"团队负责围绕某个特定的数字化行动合作，而且，为了监管部署，"老虎"团队常常被分解为更小的执行团队。

---

1 关口评审（Gate Review）是项目管理中的一种评审方式，通常在项目的关键节点或阶段结束时进行，以评估项目的进展情况、风险和质量，并决定是否继续进行下一阶段。——译者注

数字化客户成功计划团队也许并不是实际上执行行动举措的团队，但他们倾听组织的每个部门都需要些什么，然后将这种反馈带给数字化客户成功计划团队的其他成员。例如，如果客户成功部门需要在产品中做些什么，那么数字化客户成功计划团队将首先从组织的其他部门收集反馈（这些反馈涉及消息有些什么内容，以怎样的节奏发送给客户），以帮助有效地平衡客户和其他部门的优先级与需要。一旦目标已设定，战略已制定，适合的"老虎"团队就可以执行计划，或者确定哪些个人应当负责执行。例如，负责应用程序内的交流的那个人可能还要负责执行新的产品发布消息的发送。

要充实你的数字化客户成功计划团队和"老虎"团队，寻找那些可以代表你的公司不同部门的人。需要有来自产品团队的人，以及来自客户成功团队、营销团队和销售团队的代表。为了招募这些代表，你的数字化客户成功部门的领导者可能想接近高管，并且说："你好，你被认为与这个团队有利害关系。你能帮忙吗？或者委派一个指定代表？"高管层的领导者有可能不会直接参加会议，而是将权力下放。这很好，但现在，至少高管把握住了数字化客户成功计划活动的脉搏。

有效合作的要素

关于跨部门的团队如何交流并管理它们自身的具体细节，每家公司可能各不相同，但我们认为，至关重要的是每一种合作模式应围绕以下要素来构建。

- **数量有限的共同项目**：为使你的数字化行动举措聚焦具体的、有形的、可实现的目标（并且避免"贪多嚼不烂"的尴尬），各个团队之间应当就有限数量的项目而达成一致，开展协作。例如，刚开始时，各团队可以将自己仅限于调整重要的一对多的客户交流，尤其是极为重要的欢迎邮件；同时，要设计你的数字化方法来引领新的客户。

- **共享的、跨部门的框架，基于以下几点确立。**
    - □ 在每个人都需要做的事情上找到共同点：为客户提供他们需要的东西。例如，我们的产品营销团队过去忙于处理他们知道即将到来的事情，以及他们需要做的事情。与此同时，客户成功团队则解决他们认为客户需要赋能的方面。为了找到共同点，我们创建了一个称为"发布影响规模"的共享方法。现在，产品主管和一个主题专家团队为某次发布提议的所有功能分配一个合适的规模，根据客户的影响（例如，对最终用户来说一次重大的用户界面的变更）以及市场推广的影响（这项功能的首次亮相是不是需要举行大规模的营销活动）来确定规模。在此基础上，我们从季度发布的角度给每项功能评分，分配的分值既决定着推出的战略，又决定着将要提供的启用资金。
    - □ 共同的项目里程碑：创建需要跨部门评审和签字的项目里程碑。注意：重要的是跨部门评审和签字的范围不仅涵盖了产品与工程部门的准备工作，还涵盖你为客户赋能并适当地推广该发布所做的准备。一旦里程碑和评审程序已准备就绪并开始运行，"老虎"团队中的每一位成员都应当对接下来发生的事情感到激情万丈。为什么？因为一旦抵达每个项目里程碑，他们就知道自己已经完全做好了准备。
    - □ 共同的记分卡：最后，极其重要的是设计一个用来测量成功的共同的记分卡。例如，涉及发布过程的里程碑，你可能想测量公司内部和外部的情绪，方法是请求客户回答三个核心的问题：

    a. 你感到这次发布的准备是不是充分？

    b. 你发现哪种类型的资产最有价值？

    c. 你如何评价发布的质量和所有的新资产？

对于某些行动举措，特别是那些着重于产品内的指南与体验的，"老虎"团队可能包含来自产品、客户成功和营销等团队的代表，你还要决定谁来负责以下这些方面。

- **追踪和检测**：这方面通常应当由产品或产品运营团队来负责，因为这与团队的一个关键目标一致：做出数据驱动的产品路线图的决策。产品团队应当追踪产品使用情况，以了解客户正在怎样使用你的产品，识别摩擦点，观察工作流程中的变化，辨别新功能的采用情况，并且改进产品的可用性。怎么做这些？最容易的方法是使用产品中的分析工具。这种工具点击几次后就可以启动检测，不需要任何编码，操作十分简单。

- **产品体验和消息发送**：因为你的客户成功经理、市场营销人员、采用专家等往往通过其他渠道负责客户体验与客户保留，所以，他们应当精心制作消息，以进行产品中的互动。这是有道理的，毕竟，他们的岗位职责是为了推动产品中的旅程，而且他们能够为最终用户消除脱节的体验。然而，让营销人员负责产品中的消息，并不是绝对必需的。如果使用营销人员对你的公司来说不合理，那么你也许得让其他团队的人员负责这些事情。一定要保证这是一个团队，如客户成功运营、产品运营、教育或者其他的核心团队，这些团队一般会鼓励产品的采用。根据你公司的规模和成熟度，你甚至要考虑组建一个治理团队。奥多比公司（Adobe）、邓白氏公司（Dun & Bradstreet）等公司就组建了强大的治理团队来管理其应用程序内的消息。

- **战略制定和批准**：战略在很大程度上取决于你的客户旅程和体验。正因为如此，与客户成功团队合作，对于定义你的战略并推动计划实施至关重要。从传统上讲，客户成功团队与客户的关系最密切，他们对客户的情况以及客户运营健康的得分数据等都比较了解。这就使他们能够很好地基于正确的角色和客户细分群体确定产品的采用路径。

为此，客户成功团队的一个最佳实践是聚焦每位客户的"角色与目标"，以便提出更加个性化的建议。因此，如果某位客户想在某款特别的产品上实现"引领"目标，那么你可以在应用程序内带领他走过一条"理想之路"，让他了解如何为"引领用例"来设置该产品。这条"理想之路"将根据你正在面对的每一位客户的"角色与目标"的不同而各异，如管理员、高管、一线主管、销售员，或者其他人。例如，如果我是Gainsight公司的一位客户成功经理，我的目标可能是"了解那些存在流失风险的客户的情况"或者"创建一个仪表板，以掌握当前客户的运营健康状况"。因此，我采用的路径将不同于某位正在寻求向上销售机会的客户成功经理的路径。

这种方法的另一个好处是，它有助于你更好地理解你的产品"最具黏性的功能"是什么，以及你希望实现的特定结果是什么。例如，对客户成功经理来说，人工智能备忘单也许不是一项具有黏性或者十分宝贵的功能，但对高管来说是。

说到批准产品中的体验，让数字化和扩展团队负责是合理的做法。

根据卡里·阿尔达兰的说法，在Qualtrics公司，搭建一个共享的跨职能框架面临的一项挑战是确定使用哪些指标，以及谁负责哪个指标。

为求简化，我们将我们的指标设计成三个方面：接触、质量和影响。接触好比我们的客户门户网站的月度活跃用户（Monthly Active User，MAU）/月度活跃客户（Monthly Active Customer，MAC）或者打开率；质量是指电子邮件的点击率，或者用户在我们自助服务门户网站上根据完成的步骤要达成的目标来使用新功能的比例；而影响是你对滞后的结果（如留存率、扩展、运营健康得分等）产生怎样的影响。

如果你在观察自助服务门户网站，那么质量指标是指月度活跃客户，以及能够借助自助服务完成他们整个目标的客户——也就是说，目标完成率这个指标。因此，如果我们向客户中枢里的某位客户发送电子邮件，以便进行客户引领，那么，我们希望确保他们完成这个目标，并且到达特定的引领里程碑。我们还构建了一个互动得分指标，以测量数字化渠道和客户的运营健康状况，以及它们是怎样与留存率和扩展相联系的。随后，我们研究了影响。在影响方面，我们关注的指标显然是留存率和扩展率。我们还关注净推荐值，接下来是成本节约或是生产力提高情况。我们让旅程的负责人来监控质量指标。客户在这些东西上花费了多长时间？他们如何与我们交流和互动？

与此同时，内容团队更多地关注偏转指标——节约成本。于是，我们的运营侧更加注重接触。我们能接触到客户吗？我们是不是每个月都有活跃用户登录？他们正在监测所有这些指标。

接下来，功能团队分享这些指标。这并不是说其中一个团队呼吁"我们要用这个指标"，而另一个团队则高喊"我们要用那个指标"。我们事先就哪些领先指标与滞后指标最相关达成了共识。我们必须将指标的范围缩小，因为如果不这样的话，你就会陷入测量一切的模式之中，而不是发布新的数字化互动与产品功能。

在阿尔达兰负责在所有渠道中设计客户旅程9个月以后，她的团队帮助Qualtrics公司扩展了其接触范围，从30%提升至80%以上（参见图9.1）。该团队还将点击率提升至30%以上。

在开展活动和发送了电子邮件之后，我们发现推广功能的采用率增长了50%，这是巨大的提升。在许许多多别的公司，你看不到这种提升。

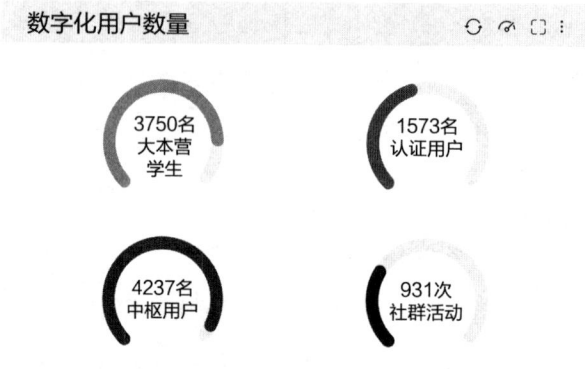

```
数字化用户数量

    3750名              1573名
    大本营              认证用户
     学生

    4237名              931次
    中枢用户             社群活动
```

图9.1 Qualtric公司的记分卡/追踪器

留存率落后一点点……因此，我们侧重于客户引领。对于1年的客户，我们的留存率是85%，而我们力争将这个数字提升到90%以上。我们刚刚推出了全渠道的自助服务客户引领，因此，我们正密切关注，看看这个数字能不能继续提升。

回过头来观察Dealerware公司的情况，Gainsight公司的产品分析和互动平台提供的大量数据，帮助并促进整个Dealerware公司进行跨部门合作。客户成功战略和运营部门经理摩根·雷德瓦恩（Morgan Redwine）说："通过Gainsight产品持续的反馈，我们建立了与产品团队以及其他团队之间每两周举行一次产品质量会议的机制。在这些会议上，我们讨论一系列的主题，包括漏洞、净推荐值以及客户流失报告。这真的很了不起，因为每个人都在客户成功中发挥了自己的作用。"

任命一位专职领导者

根据我们的经验，你的数字化客户成功团队和子团队，无论你称他们为委员会、团队还是模块，重要的是由一位专职领导者来领导，这位领导者最好来自运营等"中立"部门，或者专门的数字化客户成功/扩展团队，其任务包括决定谁负责哪些指标，谁负责数字化生命周期的哪个部分，以及谁负责数字化体验。至于谁负责什么，以及谁负责整个客户旅程，必须有人担任最终的仲裁人,以便为客户创造丝滑的和令人愉快的体验,而不是支离破碎的和令人沮丧的体验。必须有人从头到尾思考如何避免不同部门之间的冲突。

你需要一位领导者,他可以将所有人聚集起来,并对大家说:"好的,我明白,产品部门想要做X这件事,但我们正在努力推动的是Y这个指标。"领导者需要与"老虎"团队合作,来确定需要完成的每一件事,并概述应当采取的精确措施,确保这些措施得到正确的执行。

如果你的组织已经(或者很快将要)实施并购(Mergers and Acquisitions,M&A),那么这一点尤其重要。在并购某家公司时,你希望能够将你的管理制度在那家公司得到执行,以免产品生产线之间的脱节。毕竟,当你通过并购而收购了另一条产品生产线时,你就将完全不同的产品团队引入了你的组织之中——这个团队不知道你的程序、工作流程和企业文化。他们仍然按照他们已经知晓的方式来运营,而你对他们的运营方式一无所知。因此,数字化客户成功部门的领导者应当发起对话,来整合所有的产品团队。

在电视剧《硅谷》(Silicon Valley)中,摩笛手公司(Pied Piper)的首席运营官贾里德·邓恩(Jared Dunn)在公司并购了两家初创公司后,对首席执行官理查德·亨德里克斯(Richard Hendricks)说了这样一番话:"理查德,瞧瞧外面。到处都是穿着Optimoji公司和Sliceline公司T恤衫的人。这些人尽管是被征服的士兵,却仍然穿着旧制服。但我们需要这里的每个人都成为摩笛手的一员。我的意思是,你要请他们将自己最宝贵的年华用来实现你的愿景。对不对?你得去领导他们。"

你的数字化客户成功(或者扩展计划)的领导者应当被视为中立的和公正的,让人觉得他在处理不同部门的优先级事项和指标时能保持中立,不偏不倚。

根据我们的经验,领导者的背景和经验不如他在公司中的什么部门担任领导职务重要。我们认为，这个岗位应该设在组织中的中立部门。这样做减少了人们认为数字化客户成功计划领导者（有意或无意地）会在产品经营经理与客户成功领导者之间，或者销售部门领导者与营销部门领导者之间选边站队的风险。

在Gainsight公司，客户体验和数字化客户成功计划的主管设在我们的客户成功运营和扩展部门。没错，这位主管支持客户成功组织，但他也与其他部门密切合作，如产品、营销和销售部门等。由于这个岗位设置的部门，加上他与组织的不同部门频繁地互动，因此，我们认为，与将岗位设置在客户成功或者产品部门相比，设置在目前部门使领导者的立场显得更加中立。

例如，在涉及平台中的广告时，我们划定了一条红线。如果某项活动或者某种体验会产生与之相关的额外成本（比如，我们组织的脉冲大会的门票），我们不会制作应用程序内的消息向客户推广。这并不是说营销部门不想要这样的推广。但我们划定了一条红线，我们愿意在产品中包含免费的直播活动和即时的促销，但不愿意做请求客户买东西的广告。毫无疑问，对于营销部门来说，中立的领导者颁布的这样的禁令比客户成功部门或产品部门领导者颁布的这样的禁令，更容易让人接受一些。

赢得高管支持

在组建跨部门团队时要赢得高管的支持，可能是一件棘手的事情，因为你必须证明（或者至少预测）你将从中获得的价值。你必须能够这样告诉高管："通过在数字化/扩展的团队中投资，我们可以期待在效率上有所提升。"

在Gainsight公司，我们用来证明在数字化客户成功团队中投资合理性的一个指标是节省的时间。我们首先计算客户成功团队发送的每一封电子邮件，然后运用一个公式，假设客户成功经理不必去撰写电子邮件时，每封可以节省10分钟时间。因此，如果某位客户成功经理要为40名客户服务，需要给每位客户的核心联系人发送一封电子邮件（每位客户有2~3位核心联系人），那么，由跨部门团队生成的自动的电子邮件，（保守估计）应当能使客户成功经理节省撰写和发送80封电子邮件的时间。我们的公式假设每封电子邮件需要花10分钟来写，因此，运用我们的公式，这累计起来相当于节省了800分钟。别忘了，这仅仅针对一位客户成功经理。

在Qualtrics公司，卡里·阿尔达兰的团队也使用类似的指标。

我们关注节省的全时当量（Full-Time Equivalent，FTE）。对于一线的支持人员，我们通过工单的交互，也就是转移了多少张支持工单，轻松地测量（节省的时间）。但对于客户成功部门，我们着眼于所花的时间。因此，我们努力寻找那些可重复的、与管理员相关的、可以实现自动化的任务，这样的话，就可以直接将这些与节省的时间相互关联起来。

将这些公式纳入"为什么要组建我的团队"的论证中，将极大地帮助你提出增加人手的要求。因此，在你考虑你和你的团队可以采用什么方式改善不同的生命周期旅程时，从节省的时间和/或赢得的收益方面来考虑。例如，如果你为新用户设计一个数字化的客户引领流程，想想你如何通过让一位客户成功经理在所有的客户中开展一项特别的活动来帮到最终用户。还要记住，一旦确立了新的流程，它就可以永久地运行下去。通过这种方式节省的时间，是月复一月、年复一年递增的。

还要考虑你的客户。你可以怎样帮助他们节省时间？例如，想想你的一些较大的客户，也就是拥有1000名最终用户的客户。你的客户成功经理不可能准确地知道每位用户第一次登录的时间。那么，他怎样确保新用户在平台上找到他们需要的指南呢？眼下，用户可能依赖他们的管理员来提供这些指南。所以，你的团队的目标之一也许是通过在产品中提供新用户需要的培训和指导，使管理员无须再将这项任务列在他们的待办事项之中。这样的话，你既节省了你的客户成功经理的时间，节约了客户的管理员的时间，还节约了最终用户的时间，因为现在他们不必接受平台外的培训来了解怎样使用产品，而是可以通过应用程序内的教程来学习如何使用。

和所有人分享你的成果

要毫不犹豫地和全公司的每个人分享你的跨部门合作的成果，以及这些部门的行动举措取得的成果。你组织中的所有人都应清楚用户和客户收到了什么，以及他们是如何回应的。

这里介绍Gainsight公司的一个例子。不久前，我们的数字化客户成功计划团队负责从客户那里收集更多的G2网站的评论。这个团队知道我们有许多的支持者，问题是"我们怎么发现他们"。最后，数字化客户成功计划团队进行了一项应用程序内的最终用户净推荐值调查，该调查特别针对特定的账户，并包含闭环反馈计划中的所有组成部分。做好了这些后，他们找到营销团队说："这就是我们在做的事情，我们的电子邮件是这个样子的。你们能帮我们草拟后续的电子邮件吗？"

在这之后，数字化客户成功计划团队又找到客户成功团队，告诉他们："这是我们将代表你们要做的事情。你们的名字实际上不会出现在任何东西上。你们只要晓得这件事情正在发生就行了。如果客户即将续约，而且，如果存在客户流失的风险，那么这将为你们提供一个信号，但你们不必对此采取任何行动。"（我们最近改变了这种方法。现在，我们为客户成功经理汇集各种结果，提醒他们注意在与客户讨论时应当考虑的一些重要发现。）

总之，数字化客户成功计划团队提出行动举措，随后与营销及客户成功部门（而且还与产品部门）合作，将他们的工作通报给后者，并确保他们正在做的事情不会与后者正在做的事情相互干扰。数字化客户成功计划团队不一定要举行会议进行说明："这是我们支持公司围绕业务目标而要做的事情。"在大多数情况下，他们只是不同步地分享他们的工作成果。接下来，一旦推出计划，他们就会和其他团队分享进展报告。譬如，行动举措在周三时推出，数字化客户成功计划团队在下个周二的时候便要报告结果。

这个过程允许每个部门的成员审视工作进展及结果，并且对别人说"我对X有异议"或者"Y正在导致我们团队出现某些问题"。因此，假如最终用户的净推荐值可能对某个团队产生了额外的工作负担，那我们会做出改变，纠正这种现象。这正是我们建立了快速的后续检查点的原因。我们希望确保在我们推出某个计划后，尤其是推出了跨部门的计划后，可以充分利用这些检查点，并在发现问题后大声喊道："哇哦！停下来！"

客户成功技术和数据

作为一家领先的客户成功与客户体验解决方案的提供商，我们在推荐你购买某个特定产品以执行你的数字化行动举措时可能稍稍有点偏见。因此，我们会限定自己的推荐，即只推荐那种你将在数字化成熟度的不同阶段中需要的功能。

如果你刚刚开始步入你的数字化客户成功旅程，那么你可能需要三种不同功能的组合，也就是说，除了存储数据所需的平台，你得有一个至少支持以下渠道之一的平台：

- 电子邮件自动化。
- 应用程序内的交流。
- 社群和/或客户中枢。

你不一定需要所有这些平台，但至少需要其中的一个。

为了决定要购买哪些产品，首先要确定你有多么希望开展大规模的交流。这是首先要回答的问题。"我怎样与我的客户进行大规模的交流，或者怎样和他们进行大规模的分享？"你或许想考虑某个网络研讨会平台，无论是Zoom、GoToMeeting还是其他平台，以便实现一对多的交流。你可以录制网络研讨会的整个过程，录制的视频和音频可以随后添加到其他活动之中。

当逐渐移动到数字化成熟度频谱的右侧时，你可能更加全面地整合了不同平台上的数据。例如，你或许首先发起一次特定的电子邮件交流，然后将这些消息扩展，以包含产品中的渠道和社群。就这样一点一点地，你开始将不同的解决方案交织在一起。随着你向成熟度的最高等级迈进，你的目标是在你的产品、电子邮件以及社群之间创造一种统一的体验。你甚至开始涉足以客户为基础的客户成功及营销。

分享你的数据

构建丝滑的、连贯的客户旅程的第一步很简单：把目光放在客户身上。记住，客户的视角才重要。你的所有部门的首要目标是想清楚客户为什么购买，怎样购买，以及如何使用已经购买的产品。

使用你的数据，更清楚地了解购买过程，进一步熟悉客户旅程，并且在两者之间形成更加一致的视角。不要通过各个部门的镜头来观察客户，而要开始从客户的视角了解客户的购买行为。在此基础上，各部门可以确定怎样利用他们独特的优势来改进客户旅程。

此外，要确保不同的部门之间分享指标和责任。在传统模式中，责任是按部门来划分的，通常情况下，客户流失的责任完全归咎于客户成功团队。然而，要创建成功的大规模数字化客户成功计划，必须在各部门之间分配责任。如果客户续约是一个高度优先的事项（本该如此），那么，要求每个部门通过执行最相关的、最具影响力的任务来为这一战略举措的成功做贡献，是合理的做法。一旦客户流失，所有部门就都得分担责任。也许营销团队并没有向潜在客户提供正确的价值，又或许销售团队向客户过度承诺了。不管哪种情况，分担客户流失的责任，并且使这种责任成为跨部门合作的基础，将使你的各个团队与客户的体验完全结合，紧密挂钩。

防止孤立的客户体验的另一种方式是共享客户的情况，这是每个部门都重点关注的目标。如果各部门不能完全地步调一致，那么，你的公司会给同一位客户带来不同的体验。出于这个原因，最好是制定一份人人都可以依赖的单一的解决方案来获取客户的数据。

要再次强调的是，你的数据不必从数字化客户旅程的第一天开始就完美无缺。首先从你现有的数据开始，并且使用不同的工具来增强它的作用。增强数据作用的一种最简单的方法是请你的客户验证你已经拥有的数据。不要害怕向客户寻求帮助，B2C公司一直在这样做。

例如，我们的数字化客户成功部门的领导者订阅了ButcherBox公司的服务，该公司每个月会把肉送到她家门口。最近，她收到了该公司的一份简短的调查问卷，询问她的偏好和兴趣：她对哪种类型的食谱感兴趣？她是不是刚刚学会做饭？她是想做出饭店级别质量的饭菜，还是想用健康的食材做出简单的家常菜？我们向你保证，接下来她从ButcherBox公司收到的电子邮件一定会体现她在那份调查问卷中给出的所有回答。

你的B2B公司没有理由不去做类似的事情。从你能获得灵感的任何地方汲取灵感。不要觉得你不得不从零开始重新发明汽车轮子。盯紧B2C世界以及其他领域，以便收集数据并且寻找你可以采用的增强数据作用的模式。

没有任何借口

许多客户成功领导者和企业领导者都误认为，我们之前提到的组织人员、流程、技术和数据等方面的建议只适合大型的软件即服务组织，其实不然。事实上，你的组织的规模以及成熟度如何并不重要。大多数小型组织，包括初创公司，已经理解这一点了。从长远来看，如果你在你的组织规模还小的时候就理解了这一点，这将为你的组织省下一大笔资金，因为你能够在不必雇用一大批客户成功专业人员情况下进行扩展和降低风险。

在最近的科技低迷之后，每位CEO都以下面两种方式中的一种来做出反应。

- "让我们回到老一套吧。我们会通过销售找到出路的！"
- "让我们着眼未来，认识到成功的客户将推动我们成长。"

最近，我们听说，一家中等规模的科技公司的CEO决定通过雇用更多的销售人员来解决过去几年销售业绩超低的问题（超过70%的销售人员没能完成任务）。

我们只能说，面对困难，各有各的解决办法，各有所好。

然而，如果你真的打算把东西销售出去，以获得更多的利润，那我们愿意提供一项非常合适的技术。只要寄给我们一个贴好了邮票、写好回邮地址的信封[1]，在左上角写"找到出路"，尼克就会把1999年用的拨号上网的光盘邮寄给你。

小结

尽管更多的客户成功组织开始融合数字化技术、用例和渠道，但通常情况下，现有的问题依然存在——有时候还进一步放大了。这是因为，唯一比孤立的客户成功组织更糟糕的是一个拥有数字化超级能力的孤立的客户成功组织。这些客户成功团队发现自己能够用更少的时间和精力来做更多的事情，于是能够更好地和来自产品、营销和支持部门的员工相互"竞争"与客户交流。结果呢？客户的收件箱里出现了更多的垃圾邮件，客户也更加困惑了，造成各种消息相互冲突，各类资源分散在各处。

为了防止这种现象发生，在整个组织中的每个团队都必须开始在同一

---

1 写好回邮地址的信封（Self-Addressed Envelope，SASE），是指在信封上写上你的姓名和地址，以便对方可以通过邮寄方式给你寄东西。——译者注

时间朝着同一个方向发力前进。

我们建议，软件即服务公司采用Qualtrics公司和Gainsight公司的那种模式来组织和建立跨部门的合作。在Gainsight公司，我们组建了一个数字化客户成功计划团队，并由专门的领导者来领导。该团队包括来自重要部门的代表，发挥类似于"中央委员会"的作用，负责设定整个公司的客户成功目标，制定战略，招聘和监督子公司的"老虎"团队。为每个"老虎"团队分配一项特定的数字化行动，而且，为了监管部署情况，"老虎"团队常常分解为更小的执行团队。在Qualtrics公司和Gainsight公司，这种模式已被证明在推动整个组织的效率和客户体验提升方面十分有效。

关于跨部门的团队如何交流并管理它们自身的具体细节，每家公司可能各不相同，但我们认为，至关重要的是每一种合作模式应围绕以下要素来构建：

- 数量有限的共同项目。
- 共享的、跨部门的框架。
- 追踪和检测。
- 产品体验和消息发布。
- 战略制定和批准。

重要的是，你的数字化客户成功团队和子团队要由一位专职领导者来领导，他最好来自某个中立部门（如客户成功运营部门）。你需要一位专门的领导者来决定谁负责哪些指标，谁负责数字化生命周期的哪个部分，以及谁负责数字化体验。

在组建跨部门团队时要赢得高管的支持，可能是一件棘手的事情。在Gainsight公司，我们用来证明在数字化客户成功团队中投资合理性的一个指标是节省的时间。在Qualtrics公司，卡里·阿尔达兰的团队关注的是节省的全时当量。

要毫不犹豫地和全公司的每个人分享你的跨部门合作的成果，以及这些部门的行动举措取得的成果。你组织中的所有人都应该清楚用户和客户收到了些什么，以及他们是如何回应的。

如果你刚刚开始步入你的数字化客户成功旅程，那么你可能需要三种不同功能的组合，也就是说，除了存储数据所需的平台，你得有一个至少支持以下渠道之一的平台：电子邮件自动化、应用程序内的交流以及社群和/或客户中枢。

使用你的数据，更清楚地了解购买过程，进一步熟悉客户旅程，并且在两者之间形成更加一致的视角。不要通过各个部门的镜头来观察客户，而要开始从客户的视角了解客户的购买行为。在此基础上，各部门可以确定怎样利用他们独特的优势来改进客户旅程。

你的数据不必从数字化客户旅程的第一天开始就完美无缺。首先从你现有的数据开始，并且使用不同的工具来增强它的作用。增强数据的作用的一种最简单的方法是请你的客户验证你已经拥有的数据。不要害怕向客户寻求帮助。

第10章

优化你的数字化工具包

清单

你的社群和/或客户中枢：

- 确定目标和要优先做的事情，然后将它们映射到社群用例中。
- 好东西太多也可能造成客户体验脱节。
- 了解受众和关键人物角色。
- 通过在社群中发布问题和内容来激发客户的兴趣，特别是在推出该平台后的头几个星期/几个月内。
- 鼓励对话并贴出体现企业文化与价值观的内容。
- 研究公司的工具、渠道、接触点等更广泛的业务生态系统，以帮助确定社群的独特目标与战略。
- 运用目的、目标、策略与衡量（Objective, Goals, Strategies, and Measures，OGSM）框架，将学习成果汇集到社群战略与行动计划之中。
- 努力推动人际交往，特别是在社群推出后的最初几个月里。
- 考虑将潜在客户和有流失风险的客户推向社群。

将电子邮件和应用程序内的消息发送自动化：

- 必须为客户生命周期的每个阶段都设计有关消息发送的活动，例如，与客户引领、深化采用、续约以及其他阶段相关的活动。
- 必须将消息有针对性地发送给特定的人物角色和客户，与他们沟通需求及产品的使用情况等。
- 必须在数字化的交流中建立一些检查点，以便根据客户呈现的任何风险因素来评估并调整你的消息发送方式。

客户成功流程自动化：

- 在发送自动化的电子邮件时，确保邮件的另一端有人可以回应客户的询问。

- 在选择渠道时，考虑客户的人物角色和在生命周期中所处的位置。
- 根据使用情况、行为和运营健康数据有针对性地发送消息。
- 节流，以避免向客户发送垃圾邮件。
- 利用知识中心机器人程序避免客户离开产品。
- 避免应用程序内的消息打断客户的工作流程。
- 不要为了自己的利益而与客户交流。
- 以协同的眼光看待电子邮件和应用程序内的消息。

即使是最佳的数字化解决方案，如果你不能高效地利用它们，在改进客户体验的同时用更少的投入做更多的事情，那么它们的价值也是有限的。我们经常听到客户旅程脱节和与客户的交流各自为战的情况，还有些客户抱怨供应商向他们发送垃圾邮件，等等，有鉴于此，我们特地用这一章来讨论数字化交流的最佳做法以及不好的做法，这些是我们从与客户以及其他主题专家的讨论中收集得到的。尽管这些技巧与最佳实践的列表并不能做到无所不包，但它的确回答了许多常见问题（Frequently Asked Questions，FAQ），这些问题涉及社群/客户中枢、电子邮件活动，以及应用程序内的消息发送。

社群/客户中枢

说到社群/客户中枢，重要的是做好下面这些工作。

确定目标和要优先做的事情，然后将它们映射到社群用例中

社群需要服务于某个目的，这个目的最终涉及众多不同的社群用例。图10.1展示了5个常见的用例以及和它们相关的指标和活动。

模块	服务与一对一的支持	教育和启发	代言	社交和联系	产品创意和更新
指标	社群 知识中心	社群 知识中心 活动	对话 群组 活动	群组 活动	创意 产品更新
活动和关注焦点	自助服务比例、转移、同行的回答	内容的帮助性、活动的出席情况以及调查反馈	活动的出席情况，群组的会员数量和参与度	活动的出席情况和调查反馈，群组的会员数量和参与度	创意和投票，提交创意和进行投票
	内容审核，知识的内容，游戏化，超级客户互动的基于知识的内容（文章），网络研讨会	基于知识的内容（文章），网络研讨会，游客投稿人	网络研讨会，活动以及群组便利性	活动的出席情况和调查反馈，群组的会员数量和参与度	创意的跟进，产品更新的发布
支持平台	支持门户网站，视频托管平台	视频托管平台，网络研讨会平台，学习管理系统	代言和激励平台，网络研讨会平台	网络研讨会平台	路线图平台

图10.1 5个常见的用例以及和它们相关的指标和活动

在B2B软件即服务领域创建社群时，我们建议你考虑下面展示的所有用例。到最后，经过实践的证明，它们可能全都极其宝贵。然而，对于任何的数字化行动举措，最好不要指望一下子就解决所有问题。相反，要考虑你的公司的主要问题是什么，重大机遇是什么，然后将这些问题和机遇映射到这些用例之中，以确定社群的主要聚焦点。例如，如果你迫切需要扩大你的支持组织，并改进产品反馈循环，以推动更多的产品使用和提高客户满意度，这也许是一个很好的也是十分常见的起点。在刚开始的几个月里，你可以将整个公司努力的方向聚焦在这里，以增加早期取得成功的可能性。

10年前，当Gainsight公司推出社群时，我们着重于为客户提供一个简单的有关常见问题答疑的论坛，同时着眼于工单转移。然而，随着更多的管理员开始访问我们的社群，我们关注的焦点不断增加，以包含产品创意的帖子和讨论。很快，产品创意与更新的用例开始变得根深蒂固，以至于每当我们的客户成功经理听到客户说"嘿，我们真的需要这项功能"时，他们就能十分自然地让客户把自己的想法发布到社群之中。我们的社群成为一个发布新产品和功能创意的活跃舞台，我们增加了交流渠道的数量，使访问者可以借助不同渠道访问社群，这增强了这个平台对更加多样化的人物角色的吸引力，并且鼓励社群涌现更广泛的讨论主题，出现更多关于中小企业思想领导力的帖子，包括围绕数字化客户成功而展开的启发式对话。今天，我们的社群/客户中枢每个月平均有1.2万名访问者，其中每个月有250~300人会发帖。

不要企图一下子解决所有问题，别想"一口气吃成胖子"。

好东西太多也可能造成客户体验脱节

随着社群日益发展壮大，你的目标和优先处理事项的列表会越来越长，要密切关注客户的体验，确保它不会变差。各公司在创建社群之初往往规模相对较小,产品十分简单。随着公司发展及其产品变得日益复杂,有的公司的社群好比一条有着多个脑袋的"多头蛇"。它们开始增添更多的内容和工具,添加更多博客文章和网络视频。用不了多久,社群就成为事实上的客户中枢,但客户很难在其中迅速地找到他们想要的答案。这些内容和工具也许都是好东西,但是,除非负责工具和内容的团队想办法统一和为客户定制体验,并且(如果需要的话)升级搜索功能,否则,访问者往往在寻找信息的时候受到阻碍。这与各公司要么提供简单的社群,要么组建客户中枢的总体目标背道而驰。

了解受众和关键人物角色

在确定了你想将最初建设社群的努力向什么地方发力时,一个好主意是思考你的受众的特性。最有可能的情况是,你的公司已经定义了包含受众的关键人物角色,这样的话,你可以在此基础上继续前行。在做好这件事后,问你自己三个简单的问题:

1. 你的受众的规模有多大?关键的人物角色是什么?
2. 每个受众与你的产品之间是哪种关系?
3. 受众与你的产品相关的最大需求和挑战分别是什么?

以上的每个问题都深刻地洞察了你当前的独特情形,也指明了哪种社群战略适合你。例如,你的受众规模将告诉你,在引领客户的持续参与方面实现有机增长有多么困难或多么容易。如果你总共只有100个或200个客户,也许只有1~2位是使用你的产品的活跃用户,那么,你的战略就得包含不断地努力吸引这些受众的措施和方法。同样,客户与你的产品之间的关系的特性也会告诉你需要制定怎样的战略。如果客户每个星期只花1~2小时来使用你的产品,这与客户每天都使用你的产品的情况大不相同。

关于客户需要什么的第三个问题或许最为关键。这似乎显而易见,但我们在很多时候忽略了。为了制定正确的社群战略,你得知道你的受众最想要什么。他们是不是面临很多技术难题？他们大多数时候是抛出具体的操作问题，还是寻求最佳实践？他们是不是有许多产品创意？他们是在寻求社交，还是在谋求其他的职业发展？你希望用社群来做的事情，必须与你的受众的需求相一致。一些社群团队由于没能将客户的需求彻底研究透，最终导致他们建立的社群变成了以支持为中心的社群，而他们对此倍感惊讶，因为这并不是他们的初衷。到最后，你的客户将通过他们的行为告诉你，他们从你的社群中想要些什么、期待些什么。

为了更深入地了解你的受众，仔细研究你的数据以获得深刻洞见也是一个好主意。例如，支持团队收到的排在前十位的常见问题是什么？客户流失的主要原因是什么？排在前十位的成功因素是什么？客户成功团队在和客户互动时遇到的最大的挑战是什么？如果条件允许的话，那么你能做的最好的事情之一是安排进行一些客户访谈。这将使你对自己可以怎样运用社群战略产生深刻的见解，比如将内容创作聚焦在哪些方面，以及为满足受众的需要，你得在哪个方面做出最大的努力。

通过在社群中发布问题和内容来激发客户的兴趣

有的人信奉"只要你建好了社群，客户就会来"。事实是，这不太可能。或者说，如果他们真的来了，也不会待太久。除非你给他们一个反反复复访问的理由，提出问题和抛出激发他们兴趣的内容，否则他们不会在社群中待下去。如果你不确定大家对哪些主题很感兴趣，那么不要害怕，大胆地向社群成员提问。"你们想看些什么？你们期待些什么？什么内容让你们觉得访问社群时更有价值？"深入你的社群之中，并且真正地提出这些问题。这会是一个好的开始。

另一种方法是研究你的社群成员使用得最多的内容。他们是不是使用网络研讨会的内容？如果是，则考虑在一个地方汇集你所有的网络研讨会的内容。他们是不是阅读博客帖子和文章？如果是，那么把这些内容汇集到平台上的一个中央存储库里。总之，从你已经拥有的内容开始。刚开始时，你不必去制作一些全新的、不同的东西。

在创建了社群的头几个星期或者几个月内，你可能得让你的社群管理员、版主甚至客户成功经理发布一些能够激发活跃讨论的内容来吸引人们，并且将它们作为你希望客户开始发布的讨论类型的模板。毕竟，创建一个引人入胜的、自我维持的社群，意味着要鼓励客户发布与他们相关的问题和内容。因此，首先，要根据你对客户的了解发布一些主题，它们有可能激起大家的热烈讨论和争辩。其次，将那些内容和对话朝着人们感兴趣的方向引导。最后，你应该可以做到由客户提出的主题占平台上交流主题的绝大部分，但在社群发展成熟的早期阶段，你也许得主动地让客户开展这样的交流。

当我们说到"对话"或者"交流"时，我们关注的是从你的有关"思想领导力"文章中产生的问题，到社群成员制作的视频简介和网络研讨会，等等。在可行的情况下，你希望能够对有的客户说："作为一名社群成员，你看起来非常活跃。我的意思是，你正在做一些十分有趣的事情，也在谈论一些激发人的兴趣的话题。你有没有兴趣围绕你已经取得成功的数字化客户成功行动举措来发布一篇博客文章？或者，你有没有兴趣写一篇包含你和你的公司的简介的文章，来回答其他成员提出的常见问题？"你的营销团队可能会准备一场略显粗糙的网络研讨会，但这比一次性的帖子更加复杂、更吸引人。

一方面是客户需要/想要的内容；另一方面，社群成员可以充当生成内容的、愿意分享他们的故事和专业知识的主题专家，针对某方面的内容投稿。你将这两个方面的内容联系起来，设计社群感兴趣的内容。

为了确定如何开启这些良好的对话，我们发现，与产品营销和客户成功团队的合作是有益的，这会使我们产生一种"这就是客户和潜在客户想要讨论的内容"的感觉。在这方面，你的社群主管将扮演广播新闻制作人的角色，也就是能够把握受众需求的那个人。下一步，主题专家将作为网络研讨会或播客的嘉宾或者内容创作者。

有时候，你的社群好比脱口秀节目的主持人，会提前准备和指导那些即将在节目中出现的嘉宾。还有些时候，社群将积极地寻找并招募客户来领导圆桌讨论，或者请客户制作他们觉得特别优质的短视频。要开启对话和交流并生成内容，使这些东西充实你的平台。

鼓励对话并贴出体现企业文化与价值观的内容

一旦你决定将自己发力的重点放在什么地方，并且确认你了解了你的受众以及他们的需求，接下来考虑另一个有时候被忽略的因素：企业文化与价值观。

开始做这件事情时，你可以提出几个问题，在这里列举如下：

- 你的组织有多么厌恶风险？
- 你是被允许尝试，还是需要迅速证明价值？
- 你的组织如何看待价值观？

最适合你的社群战略将是与你的组织的独特企业文化相结合的战略。如果你的组织高度厌恶风险，那么你可能需要一个有条不紊的计划，通过每个都经过测量的步骤来小心谨慎地推进该计划的实施。与之相对的是，如果你的组织完全不厌恶风险，那么你可能发现，最好的战略是要求你勇敢尝试并迅速行动的战略，组织将失败视为成功之母。这里并不存在正确或错误的答案。它完全取决于企业文化以及价值观，以及什么样的做法能够引起共鸣。

反思你的组织会怎样讨论价值也是一个好主意。你是否需要构建一个可靠的、能够清晰显示财务收益或成本节约情况的投资回报模型？或者，你的领导团队和更广泛的组织成员是不是理解社群互动的内在价值，并且更好地响应社群成员讲故事和展示亲密关系等互动？这些琐碎小事可以告诉你，你如何考虑你的衡量标准和关键业绩指标。

虽然社群是一个非常强大的客户成功工具，但它创建起来往往步伐缓慢。遗憾的是，许多软件即服务行业的领导者很难理解这个悖论，因为他们不喜欢缓慢。他们希望立即看到商业价值，因此，你得用有关商业价值的故事来武装自己，以便向高管展示。只要你可以庆祝胜利；就把胜利成果展示给高管。"我们已经见证了活动X，它最终推动目标Y实现，到最后产生了商业价值Z。"

例如，在我们社群的新手管理员群组中，有一个小组冠军，他在过去的几个月里一直在发布一个关于Gainsight术语的纵横填字游戏[1]。有几个人会在填字游戏中发表评论，这很好，但直到最近，该小组的一名成员才提出一个实际的问题。这意味着通过增强的互动取得了小小的胜利。这是水到渠成的事情，但它需要时间。因此，当你取得了小胜时，庆祝一下，并将这些小胜与它们将在未来产生的商业价值联系起来。

研究业务生态系统

社群不会存在于真空中。它是各种工具、渠道、接触点的更广泛业务生态系统的一部分。你应当在确定你的社群的独特目标和战略时，将整个业务生态系统的特性考虑进来。要着手研究你的业务生态系统，你得提出以下三个问题：

1. 你的受众可以使用哪些其他资源？今天他们在什么地方互动？
2. 你如何在业务生态系统中定位你的社群？
3. 在这个业务生态系统中，你的社群的独特目标是什么？

在考虑了受众的需求后，你得思考，还有哪些接触点可能满足今天的这些需求，那些接触点也许与你为社群确立的目标相冲突。例如，你的受众有一种强烈的倾向去交朋友，而他们已经通过领英或Slack网站满足了

---

[1] 纵横填字游戏是一种谜题游戏，其中，答案是根据提示写入编号方格的单词，这些方格横向和纵向排列。——译者注

这种需求。在这种情况下，你的下一步也许是考虑，究竟你的社群应不应该将社交作为一项主要目标和任务。成功地将这个用例作为你的社群计划的一部分加以采用，你得保证你提供的内容比现有的内容寻找起来更不费力，或者更有价值（否则，这个用例就不会有吸引力）。比如，你的社群可能举办了一些独特的群组活动，以方便成员开展在其他地方不能开展的社交活动。然而，为了更进一步发展，你可能得考虑如何利用其他接触点来建立与社群的联系和交叉链接。

这些问题有助于你确定社群将要实现的目标，这些目标在其他地方不可能实现，或者不可能完全实现。从长远看，这对社群的成功很重要，因为成员会带着清晰的目的返回社群——满足某个在其他地方没有得到满足的需求。

将学习成果汇集到社群战略与行动计划之中

在总结社群战略时，尤其在制订整整一年或更长时间的计划时，我们最喜欢的方法之一是使用OGSM框架。在较短的时间内，比如一个季度，目的和关键结果（Objectives and Key Results，OKR）框架可能更有用。关于如何使用OGSM框架，网上有许多资源，因此我们不会在这里深入探讨这种方法，但它的本质很简单：将你的组织的目的、目标、战略和衡量标准提炼出来，形成一份清晰的、浓缩在一页纸上的概述。

下面是使用OGSM框架来制订社群计划的一个简单模板（见表10.1），其中包含一些常见战略主题的示例。即使比这个模板再低一个档次，你也要拥有一套与每个策略相关的特定方法（带有时间线）。总的来讲，这些将构成你的完整计划和路线图。要确保将你的计划与一系列具体的行动和方法联系起来，还要明确时间线和负责人。

表 10.1　使用 OGSM 框架制订社群计划的模板

目的：用一句话概括这个时间段内你的社群的目标	
目标与衡量	策略
你的第一个目标和关键业绩指标，例如，围绕客户支持和自助服务	你的第一项策略，例如，围绕社群的定位和宣传推广
你的第二个目标和关键业绩指标，例如，围绕互动和代言	你的第二项策略，例如，围绕内容策划与创作
你的第三个目标和关键业绩指标，例如，围绕产品反馈	你的第三项策略，例如，围绕推动互动和代言
	你的第四项策略，例如，围绕数据与洞见
	你的第五项策略，例如，围绕平台优化与整合

努力推动人际交往

在你创建社群后的最初几个月里，要努力在用户和群体之间推动面对面的交流。一开始我们发现，一个由客户公司管理员组成的非平台小组在 Slack 软件上开会，很快就取得了成功，因为它是以虚拟聚会的形式开始的。小组中的人感到他们在和自己差不多的真人互动。这促进了认同感："这些人就和我一样，也遇到同样的挑战，所以，我感觉和他们交谈很舒服。"面对面的交流更容易产生这种感觉，但它也更加需要时间。当然，这原本就是人与人交往的本质。这种交往需要信任，而信任只能随着时间的推移一步步地建立和深化。

所以，当你刚刚开始涉足被你称为社群的这个领域时，请随意地召集几个人召开视频会议（你甚至可能在真正搭建这个平台之前就想做这件事，因为你不希望在平台搭建之后，发现它原来空空如也。你不希望给成千上万的客户发送电子邮件，呼吁他们"到这个地方来"，但等到他们到来时，发现什么都没有发生）。首先让访问者相互联系——哪怕你必须在离开这个平台后进行线下的联系。让你的社群的第一批访问者有机会面对面地交流。这样一来，你可以了解他们最想讨论什么。在此基础上，这些早期的采用者会变成你的社群的先行试用者。他们开始提出一些问题，创作其他内容，以便别的访问者来到社群时，会觉得自己进入了一个充满活力的空间，里面到处都是和他们一样的访问者。换句话讲，等到这批访问者到达时，映入眼帘的是热火朝天举行的派对，而不是空荡荡的舞厅。

在我们生活的这个时代，很多人在建立人际关系时借助软件。"我需要和别人建立联系，所以我会利用Zoom软件，或者在社交媒体上更活跃一些。"尽管这些工具有助于促进人际交往，但它们不可能一开始就建立那些联系。即使发展到今天，人与人之间的联系还得靠人首先发起，因此，在创建社群时，不要误以为软件可以建立、维持和修复人际关系。建立这种关系涉及一个非常人性化的问题：需要人们亲手解决、亲自联系。软件最多只能起辅助作用，如果人们没有在社群平台上"冒泡"，光靠软件不可能进行和维持人与人之间的互动。

考虑将潜在客户和有流失风险的客户推向社群

许多软件即服务公司着力将客户推向他们的社群/客户中枢，以便将客户引领、采用和新功能公告等程序自动化。这种做法是好的，但是，你为什么要将自己局限在这些用例中呢？根据我们的经验，不论是在客户生命周期的什么阶段，社群/客户中枢都可以发挥有益的作用。例如，假如一位潜在客户请求与一位推荐人交谈，为什么不将他与你的社群中那些活跃的拥护者联系起来呢？当现有的客户存在流失风险时，你也可以采取同样的办法。我们了解到，将不满意的客户介绍给社群中的拥护者是十分有益的举措，特别是当那些拥护者以前也有过类似的抱怨，或者经历过类似的挑战时。想一些新的办法来扩充你的社群和客户中枢的用例的数量。

将电子邮件和应用程序内的消息发送自动化

今天的客户期望每一种产品都给他们带来个性化的体验，无论这种产品是B2C的解决方案，还是B2B的解决方案。在客户成功领域，个性化意味着在客户恰好需要的那一刻，将正确的内容推送给正确的用户（参见图10.2）。为助推你实现这个目标，让我们首先关注3个"必须"的做法，再来讨论最佳实践。

1. 必须为客户生命周期的每个阶段设计有关消息发送的活动，例如，与客户引领、深化采用、续约以及其他阶段相关联的活动。无论你的内容是通过电子邮件发送还是在应用程序内发送，一定要使它与客户所处的阶段一致。这意味着，对那些还处在采用阶段的客户，要发送与采用阶段相关的内容；对新的客户，要发送与客户引领阶段相关的内容。如果你的产品是免费试用的，你向这些客户推荐的东西，要不同于向已经完成了客户引领的白金用户推荐的东西。

2. 必须针对特定的人物角色和客户发送专门指向其特定情况、特定需要以及他们的产品使用情况的消息。向客户发送消息的活动，可能犯的最严重错误之一是发送了与客户类型无关的消息。假如你的某位客户并不是管理员，但你向他发送了说服他们激活他们根本无权访问的功能的消息，会给他带去一种很不好的体验。一定要保证你发送的消息既与之相关又及时。

3. 必须在数字化的交流中建立一些检查点，以便根据客户呈现的任何风险因素来评估并调整你的消息发送方式。例如，如果某位客户续约的日子即将到来，但他还没有完成某些功能激活步骤，那么，你就要相应地调整发送的消息，避免显得你对他的情况一无所知。

客户成功旅程的自动化

这全都归结为，要认识到不同客户在不同时间需要不同类型的消息。例如，针对管理员客户的渠道和消息，应当有别于那些着眼于新客户（他们通常基于管理员类型的客户的引领完成引领程序）的渠道和消息。这涉及根据不同客户的特定需求，在他们各自旅程的不同时刻设计和调整不同的渠道和消息（参见图10.2）。

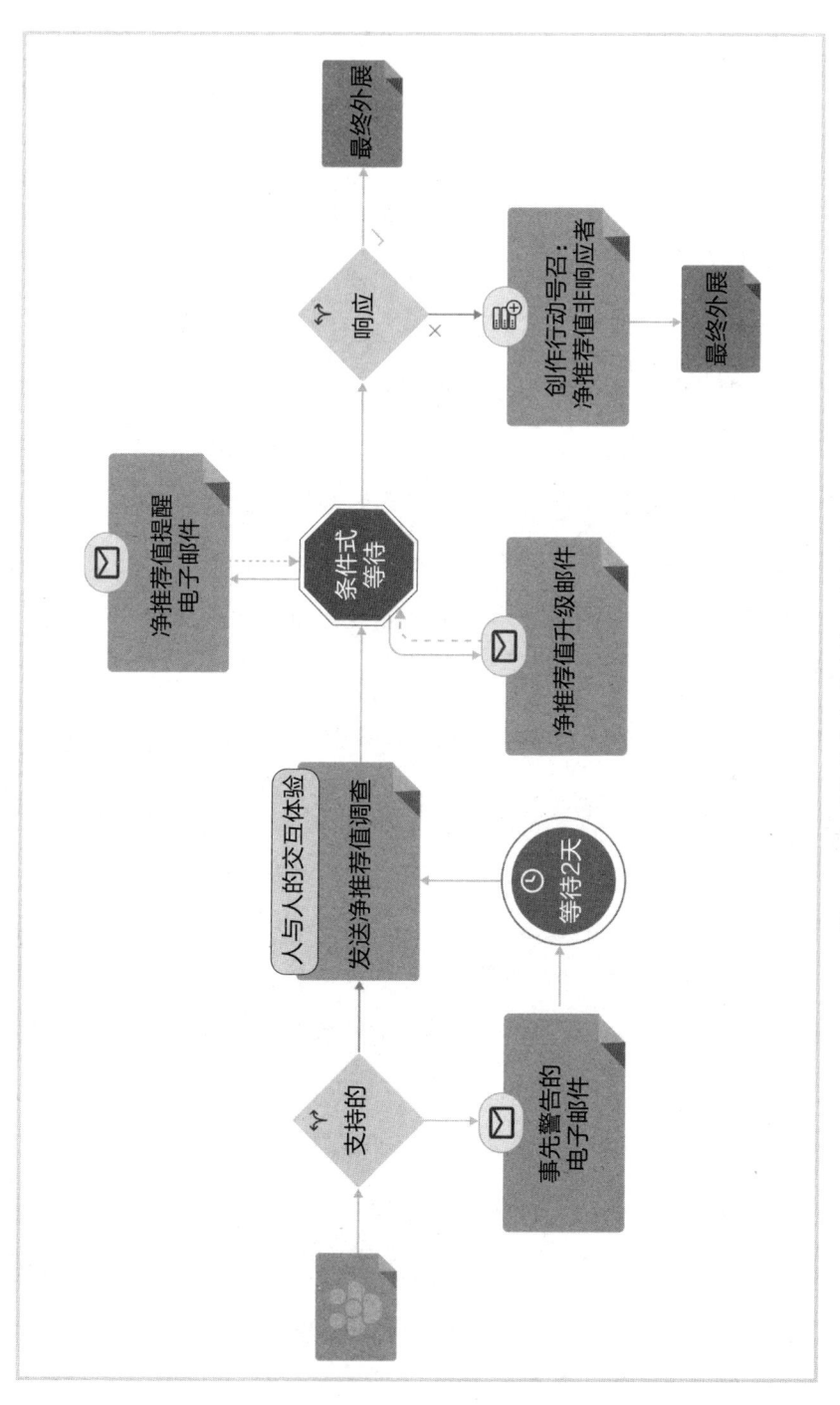

图10.2 自动化的客户成功旅程脚本的例子

有些最佳实践帮助你将数字化客户体验个性化，对此，接下来进行讨论。

在发送自动化的电子邮件时，确保邮件的另一端有人可以回应客户的询问

当你发送自动化的电子邮件时，要确保那些邮件的另一端是一个有名有姓、真实存在的人，也就是说，不管什么时候，只要有必要，这个人就能够响应客户的要求。这个人不必是客户成功或者支持团队中的某个人。你可以派几个人通过共享的收件箱处理客户的查询事务，只要有人能够联系到客户。应用程序内的内容也一样。如果你在应用程序内发了某些东西，特别是当你在推销某个视频或者某场网络研讨会时，它的特点是一个有名有姓的演讲者在演讲，或者有着特定的接触点，那么，把他的名字和照片放在这些自动化的数字媒体之上，以便尽可能地使这种体验人性化，这会是一个好主意。

在选择渠道时，考虑客户的人物角色和在生命周期中所处的位置

你应当为某次特定的交流活动选择哪些渠道？在很大程度上，这取决于你希望接触的人物角色以及他们在客户生命周期所处的位置。例如，如果你要接触决策者，由于他们每天花在产品上的时间相对较少，那么，电子邮件往往是更好的选择；如果你要接触管理员类型的客户和标准的客户（以及超级客户），由于他们会继续使用你的产品，那么，应用程序内的消息是最好的选择。

你的决定还应当适当考虑客户的行为和运营健康状况。比如，电子邮件对重新激活用户的活动具有意义，因为需要重新激活的用户（就其本身来讲）没有使用产品。因此，不能通过应用程序内的消息来接触这些客户。出于同样的原因，电子邮件对于客户引领也是一个好的选择，因为新用户不一定经常使用你的产品（如果说其在用的话）。不过，随着新用户

渐渐熟悉产品，将你的消息转向应用程序内的方式就会变得合理。

根据使用情况、行为和运营健康数据有针对性地发送消息

决定对特定客户发送什么样的消息，以什么样的节奏发送消息，不仅要依托客户扮演的角色，还要依据其对产品的使用情况、行为以及当前的运营健康状况。比如，当你向某位客户发送关于激活某项功能的消息时，假如其已经激活了这项功能，那你就不要再向其发送激活指南了。如果某些客户表示对你的产品中某个更加基本却又十分重要的功能的使用情况不太理想时，那么不要向其发送激活更深层次功能的消息。

这种做法涉及研究使用情况的数据，而不仅仅是说"他们已经勾选了这个方框，让我们继续下去"。研究使用情况的数据，是为了确保不论你什么时候发送电子邮件或者应用程序内的消息，都会考虑收件人的使用情况和运营健康状况，以及他们扮演的角色和进行的旅程。为了细化你的数字化消息，要考虑客户最后一次被看到的时间，他们使用产品的频率，以及你可以检测到的关于他们使用产品的情况和有关他们的行为的发展趋势或规律。

显然，你得拥有足够的数据，这有助于让你充分了解和细分受众，以便在正确的时间向他们发送正确的消息。否则，如果你仅仅围绕"客户是谁"的人物角色信息来有针对性地发送消息，那么这些数据可能与他们实际使用你的产品的情况完全不相关。这些数据不会告诉你，某位客户如何使用你的产品，也不会告诉你，某个人究竟是一位超级用户，还是一位重要的利益相关者。

节流，以避免向客户发送垃圾邮件

为防止用客户不想要的电子邮件和产品消息来"轰炸"个别客户和特定的受众，要采用一种被称为"节流"的做法。在汽车领域，"节流阀"是一个控制流向发动机的燃料量的阀门。在数字化客户成功领域，"节流"可以控制发送给收件人的消息数量。从产品体验的角度看,"节流"使你能够限制客户在特定时间段内看到的总的互动次数。它使你只会首先向客户展示最相关的消息,并且为要发送的不同类型的消息设置相应的优先级。例如,你也许想为某份系统故障报告分配一个较高的优先级,因为这个消息是每位客户都应当知晓的,但其中涉及深化活动的内容,可能要被分配一个较低的优先级,因为这些内容不必发给每一位客户。

使用Gainsight公司的产品分析软件和互动平台产品,你可以调整你的"节流",以确保总是向客户发送最相关的消息,而且可以设置一些限制,规定特定的收件人在特定时间段内只能接收多少条消息。这个限制不仅考虑时间的长短,还考虑客户的类型。在此基础上,你可以调整你发送消息的频率和总数,确保不会向某个受众或者一般客户发送垃圾邮件。设置节流参数时,要依托你对某个特定角色的了解,而不是仅凭猜测。当然,刚开始时可能会犯一些错误,但你要反复尝试,直到客户获得最佳体验。相关参数还会因为你联系的角色的类型不同而不同,也会因你在应用程序内发送的消息或通过电子邮件发送的消息的类型的不同而不同。

出于这些原因,我们建议你从小的计划开始,观察其结果,在确定能够产生最佳结果的消息发送频率和总数之后,可以进行扩展。紧盯数据,以了解你发送的消息什么时候真正起到了推动客户发展的作用,又在什么时候确实鼓励客户使用你希望他们使用的产品功能。接下来,充分利用这些数据,继续优化发给客户的消息的数量,分析相关消息在实现你的产品被采用或留住客户的目标方面产生了更好的还是更差的结果。

利用知识中心机器人程序避免客户离开产品

应用程序内的机器人程序也被称为"帮助机器人程序"或者"支持机器人程序",使你能够将社群中的内容、应用程序内的指南以及其他资源全都集中在一个单一的地方,避免客户离开你的产品,这样就能快速且容易地访问信息。由于每个客户成功组织的目标都是说服尽可能多的客户采用产品，尤其是使用产品的"黄金"功能，因此，当你成功地将客户吸引到你的产品中时，一个好主意就是努力使他们继续留在里面，而不是迫使他们不得不去外面寻找他们需要的资源。将这些资源整合到产品中，可以使客户的体验（包括任何的接触点）更加一致，这也是智能的全渠道战略的一部分。

在Gainsight公司，知识中心机器人程序是一个嵌入式小插件，出现在所有产品中。除此之外，机器人程序可以促使客户使用某些功能，并且使客户能够即时访问重要的指南和其他资源，让他们有机会在应用程序内参与社群论坛中正在进行的所有讨论。

所以，如果你的某位客户有一个问题，那么其可以在主选项卡上搜索答案，知识中心机器人程序会搜索你的全部资源，也就是应用程序内的所有文章和社群内容。有了今天这样的设置，知识中心机器人程序可以让客户不必离开产品，就能够十分轻松地找到需要的信息。

从客户的角度看，知识中心机器人程序的主要好处是不必离开产品而访问社群，找到需要的内容。从你的角度看，知识中心机器人程序的主要好处是让你的客户留在原地，这样，他们就可以继续从你的产品中获得价值。

避免应用程序内的消息打断客户的工作流程

如果你的年纪足够大，或许会记得20世纪90年代中期到21世纪第1个10年中期微软的Office解决方案中的动画虚拟助手"大眼夹先生"（也称"回形针"），那么你会知道，当你的工作被产品中的信息和虚拟助手打断时，你会多么恼火。你可能回想起，当你正在写备忘录和信件时，"大眼夹先生"常常突然蹦出来，用一句欢乐的话——"你看起来正在写信，我能帮你什么吗"打断了你的工作。起初，"大眼夹先生"可能受到少数第一次使用微软Office软件的用户的欢迎，但很大程度上，"大眼夹先生"的"插嘴"让人烦恼。因此，我们建议你不要步亲爱的"大眼夹先生"的后尘。

在设计应用程序内的消息以说服客户采用某项新功能时，或者当你只想向客户传递一些消息时，最好的做法是避免打断客户的重要工作流程。你绝不希望当客户在试图完成某一行动的中途时被你的消息突然打断。而且，客户是否被影响取决于你的信息以什么样的方式在产品中显示，有的在页面上分享相关消息是合理的做法（当你决定在某个地方显示产品中的消息时，请考虑用户界面）。

围绕应当怎样展示不同类型的内容，有一些最佳实践。例如，如果你的消息至关重要——"我们真的需要你使用这项功能"——这些内容可能被全屏显示，而且对话框会出现在屏幕的正中央。相反，如果你发出的消息仅仅是"知道了很好（不知道也没关系）"的那种类型，那么，你最好选择"工具提示"的位置来显示，或者将其作为"热点"，也就是出现在屏幕角落里的"小气泡"。

在确定应用程序内的消息的显示位置时，要做到审慎。考虑某条特定的消息是否值得放在产品的前面和中央，或者，它是否应该在外围显示，以使客户只在有兴趣了解更多详情的时候才进行更深入的探索（关于应用程序内消息的最佳实践，请访问Gainsight官方网站的资源板块。）

不要为了自己的利益而与客户交流

如果不是全部的话，显然，你与客户进行交流大部分是为了自己利益，如产的采用、续约、向上销售。在进行交流时，你应当把客户以及他们的利益牢记于心。很多时候，企业为了自身利益向客户发送消息，在不考虑"对客户来说有什么好处"或者"这些消息将怎样帮助客户"的前提下，达到某个商业目标或者推动某种商业成果实现。我们见到的最糟糕的做法之一，就是在与客户交流时不能做到以客户为中心。因此，我们不能总想着"我们得推动这个续约进程",而是要回过头想一想"客户会怎样看待这条消息?我们怎样做才能使这条消息对他们有所帮助"。

一个恰当的事例是,当你通过应用程序内的消息或者电子邮件推动客户去实现价值时,有些产品功能往往会带动产生更高的客户留存率和产品采用率,因为客户在使用产品时会收获更多的价值。围绕这些"黄金"功能的一种最佳做法是,为了使客户取得成功的可能性最大化,并且尽可能缩短价值实现时间,就要推动客户采用这些功能。相反,我们见过的最差做法与上面完全相反——推动客户采用那些给他们带来很小价值甚至完全没有价值的功能,因为采用那些功能更有可能产生向上销售,以令自己的公司满意。所有的功能不都是一样的,所有的客户也并不都一样。你的任务应该是向客户发出消息,指导特定的客户采用最有可能助推他们成功的特定功能,不是采用那些最有可能在短期望内提升你的底线利润的功能。

以协同的眼光看待电子邮件和应用程序内的消息

为了清晰起见,我们有时候将关于自动化电子邮件和应用程序内消息的建议按渠道进行分类。然而,另一种最佳实践是,将两种渠道作为一个统一的交流渠道,而不是作为两个孤立的交流渠道。换句话讲,在规划你与客户交流的行动举措时,要认为两个渠道是可以协同运行、相辅相成的。毕竟,为了进行根据客户和人物角色进行适当细分的交流,以及那些及时的和增加价值的交流,你通常需要既同时使用又会依先后顺序使用这两个渠道。

例如,你可以使用电子邮件将新客户推到应用程序内,但只要他们进入产品,就将"触发"一条应用程序内的消息,这条消息试图说服他们采用某项可能提供大量价值的特定功能。所以,不要从通过电子邮件还是通过应用程序内的消息这个方面来考虑,而要从哪些渠道(单独的和共同的)最有可能使客户的行为有益于他们自己也有益于你的角度考虑。

最后,在你考虑整个客户旅程以及如何用社群和/或客户中枢将电子邮件和应用程序内的消息结合起来时，要牢记一点：刚开始时步子迈小一点没有关系。例如，一开始，你可能想和我们一样，将与客户引领流程相关联的某一类单独的电子邮件自动化。一个很好的主意是从一种电子邮件开始，然后，随着你不断地学习和成长，渐渐地将2~3类电子邮件自动化。或者，你可以首先将电子邮件作为一种渠道，然后将应用程序内的消息作为补充渠道，不断优化和完善你的电子邮件计划。

一旦你获得了一些有益的数据，如哪个渠道运行最好以及谁真正在与你进行互动等，就要找机会根据你了解到的这些情况来选择合适的渠道，必要时可以迭代。你可能觉得万事开头难，不要让这种畏难情绪阻碍你通向数字化客户成功的道路，先从小项目开始，然后在你做好了准备的时候扩展其他渠道。

小结

即使是最佳的数字化解决方案，如果你不能高效地利用它们，在改进客户体验的同时用更少的投入做更多的事情，那么它们的价值就是有限的。我们经常听到客户旅程脱节和与客户的交流各自为战的情况，还有些客户抱怨供应商给他们发送垃圾邮件，有鉴于此，我们特地用这一章来讨论数字化交流的最佳做法以及一些不好的做法，这涉及你的社群和客户中枢，以及应用程序内的消息和自动化的电子邮件。

说到你的社群和/或客户中枢，重要的是以下几点。
- 确定目标和要优先做的事情，然后将它们映射到社群用例中。
- 如东西太多也可能造成客户体验脱节。
- 了解受众和关键人物角色。
- 通过在社群中发布问题和内容来激发客户的兴趣，特别是在推出该平台后的头几个星期/几个月内。
- 鼓励对话并贴出体现企业文化与价值观的内容。

- 研究业务生态系统。
- 将学习成果汇集到社群战略与行动计划之中。
- 努力推动人际交往。
- 考虑将潜在客户和有流失风险的客户推向社群。

说到自动化的电子邮件和应用程序内的消息，最佳做法如下。

- 必须为客户生命周期的每个阶段都设计有关消息发送的活动。
- 必须将消息有针对性发送给特定的人物角色和客户，与他们沟通需求以及产品的使用情况等。
- 必须在数字化的交流中建立一些检查点，以便根据客户呈现的任何风险因素来评估并调整你的消息发送方式。

客户成功流程自动化的一些最佳做法如下。

- 在发送自动化的电子邮件时，确保邮件的另一端有人可以回应客户的询问。
- 在选择渠道时，考虑客户的人物角色和在生命周期中所处的位置。
- 根据使用情况、行为和运营健康数据有针对性地发送消息。
- 节流，以避免向客户发送垃圾邮件。
- 利用知识中心机器人程序避免客户离开产品。
- 避免应用程序内的消息打断客户的工作流程。
- 不要为了自己的利益而与客户交流。
- 以协同的眼光看待电子邮件和应用程序内的消息。

在你考虑基于整个客户旅程以及用社群和/或客户中枢将电子邮件和应用程序内的消息有效结合起来时，要牢记一点：刚开始时步子迈小一点是没有关系的。你可能会觉得万事开头难，但不要让这种畏难情绪阻碍你通向数字化客户成功的道路：先从小项目开始，然后等你做好了准备的时候再探索其他渠道。

第11章

朝着更加人性化的方向前进

数字化客户成功涉及建立客户的忠诚度

最后，客户成功涉及在你的客户中建立忠诚度。正如尼克在《客户成功》一书中所写的那样，一般的共识是，客户忠诚度有两种：态度忠诚和行为忠诚，也称为情感忠诚和理性忠诚。这里的前提是，有些客户之所以忠诚，是因为他们不得不忠诚——因为你的产品在客户居住的城镇里是唯一的，比别的产品便宜得多、方便得多——还有些客户之所以忠诚，是因为他们喜欢你的品牌和产品。

作为软件即服务提供商，赢得客户的态度忠诚更加可取，其原因是多方面的。首先，态度忠诚的客户常常愿意支付更高的价格，对价格不太敏感，并且更可能宣传、推广你的品牌。他们还更有可能继续做你的客户，并且从你的公司购买更多的产品及服务。不过，遗憾的是，态度忠诚的建立和保持艰难得多，因为它很昂贵。制造客户真正喜欢的产品而不是让他们仅仅拥有的产品，这本身就需要比较高昂的成本。要创造一种让人们持续感到愉快的体验而不是简单地试图不让人们厌烦的体验，也非常昂贵。

但是，假如像萨墨尔（Summer）建议的那样，如果态度忠诚不仅可以通过偶尔让客户惊喜和快乐的"大时刻"来建立和保持，还可以通过在客户关系的发展过程中不断地为客户提供小而愉快的体验来建立和保持，那么，和以往任何时候相比，数字化客户成功都是创造积极的客户体验的根本所在。要了解"大时刻"，请读一读奇普·希思（Chip Heath）和丹·希思（Dan Heath）具有开创意义的著作《时刻的力量》（*The Power of Moments*）。

反过来，积极的客户体验又是保住和扩大客户群的基础。毕竟，那些神奇的时刻（无论是大还是小）都不是由机器创造的，而是由人——也就是你的公司中的员工——创造的。我们一再提到，数字化客户成功不是设计用来替代与客户的人性化互动，而是通过腾出你的人手，使他们能够与你的所有客户（不仅仅是最大的那些客户）进行更加亲密的、具有更高价值的互动，从而强化互动中的人性化体验。

很多读者在阅读本书之前就已经知道这个事实，本书展示了过去10年客户成功这个行业的发展情况。回想那时，许多客户成功组织早期的章程可以总结为"好的，我们现在组建了这个新的客户成功团队。让我们给他们松绑，让他们去解决客户流失和留存的问题，而我们其他人，只管做好自己分内的事情"。那已经是过去的世界、孤立的世界了。在那个世界，客户的流失和留存是客户成功组织面临的唯一问题。

很快，你们中的许多人就想清楚了，如果不能将售后部门整合进来，包括将专业服务、支持、培训等部门（以及几乎其他所有人）都整合到一个组织架构之中，通过客户留存和扩展来推动可持续增长，就不可能完全解决这些（以及其他）问题。今天，你们中的有些人甚至更进一步，团结销售、产品、市场营销和客户管理等部门，发展和执行与续约、向上销售、代言甚至售前等相关联的跨部门的工作。你们在将整个组织拧成一股绳，产生强大的合力，在某些时候，还将你们的努力与至关重要的外部合作伙伴联系起来。你们中的大多数人不再将客户成功视为救火和防御的手段，而是将其视为推动收入增长的关键途径。现在，很多人相信，你们可以将客户成功货币化。你们在说服客户为他们获得更多价值的服务付费。

也就是说，客户成功领域并不全都是强大的独角兽和美丽的彩虹。我们如今生活的世界和几年前相比已经截然不同了。你们中是不是有人从财务总监那里获得了没有限额的预算？是不是有客户在你的组织不提任何问题就续约？是否有客户总是愿意接受产品价格上涨并且购买你卖出的所有产品？凡此种种，并不是大多数的软件即服务公司当前正在乐享的福利。相反，如今的时代更具挑战性。软件即服务公司以及它们的客户成功组织已经来到了一个十字路口。

今天，有些投资者甚至开始怀疑软件即服务公司的长期盈利潜力——

缺乏信心会对估值产生巨大的影响。正如你可以在图11.1中看到的那样，软件即服务公司总体上正在进步。但它们并非全都是一个模子印出来的。而且，软件即服务行业远远没有达到许多软件公司当前所达到的40%~50%的终端运营利润率。

每一家软件即服务公司的长期盈利潜力基于四个驱动因素。

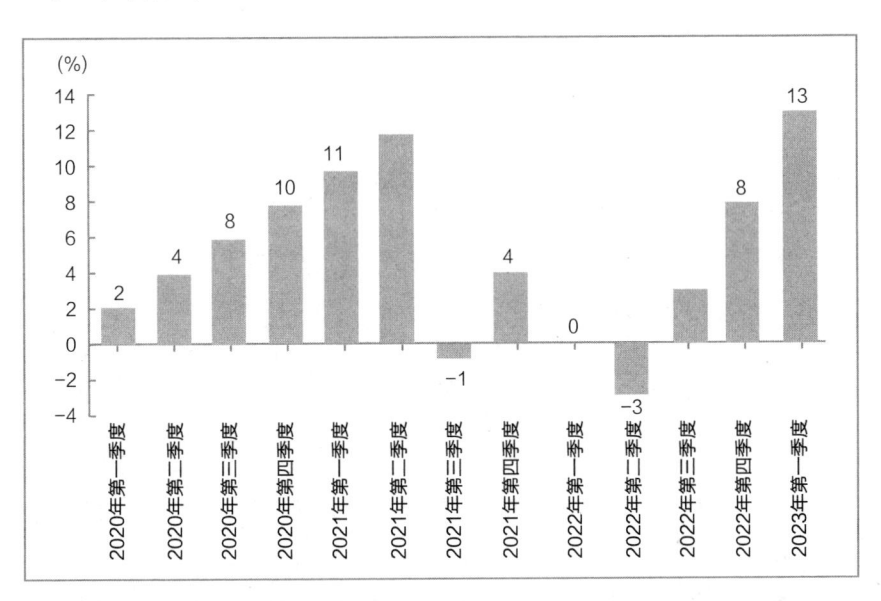

图11.1 2020年第一季度至2023年第一季度软件即服务公司的中位数的自由现金流量利润率

- **总可寻址市场**[1]：总可寻址市场越大，增长就越能持续。
- **总留存率**：有漏洞的公司在销售和营销两个方面支出大笔资金，只是为了保持在原地，不至于落后。从长远看，这样的努力终将失败，这也正是客户成功——尤其是数字化客户成功——变得如此重要的原因。
- **毛利润率**：我们看到，随着时间的推移，毛利润率为60%的公司和毛利润率为80%的公司被赋予了完全不同的价值。

1　总可寻址市场（Total Addressable Market，TAM）是指某产品或服务在特定市场中的潜在销售额上限，即所有潜在客户的总和。——译者注

- **客户获取成本**：最好的公司想出一些办法，以可扩展的方式引入收入流，不论是通过产品主导的增长、渠道，还是以先占领市场再扩大规模的方式。

这里的底线是：如果你的公司不具备一两个这样的杠杆，而且它们能够以超乎寻常的水平发挥自身的作用，那么，从长远来看，你将很难使软件即服务的模式运行下去。而如果你不能足够迅速地具备终端盈利的能力，你在市场上就将被碾压。

重组你的组织，用更少的投入做更多的事

今天，许多客户在说："我相信客户成功，但是，你的公司每天总有十几个人给我发送不同的消息。你的员工相互之间沟通过吗？"与此同时，很多公司的财务总监和投资者在说："我喜欢客户成功做的事情，但如果不招聘更多的人，我们能做些什么？"

总之，我们一而再再而三听到的是，我们得用较少的投入做更多的事情。

说实话，我们并不喜欢这种"用较少的投入做更多事情"的论调。我们认为，可持续增长的关键并不是用较少的投入做更多的事情，而是通过重塑我们自身来做更多事情。我们相信，客户成功组织应当允许我们进行重塑，而这就是数字化客户成功大放异彩的舞台。

好消息是，尽管面临所有这些挑战，但在过去十年里，科技已经大踏步地发展了。我们每天都看到生成式人工智能和ChatGPT的变化，这令我们大感震惊，还有应用程序内的消息、社群以及个性化的变化。客户成功不再是一定要让客户成功经理手动工作并进行季度业务审查了。由于新兴的数字化技术，客户成功组织可以随着公司的发展而更加迅速和容易地扩充。事实上，今天的客户成功领导者面临的最大挑战之一不再是数字化的东西太少，而是太多。

想一想你的典型的客户。他们登录你的应用程序，看到的是客户成功团队还没有参与协调的消息。你给这些客户提供了7个不同的网站，他们可以登录，以寻找培训的材料，提交产品请求，打开支持用例，获得关于网络研讨会的电子邮件，倾听销售团队讲解某件新产品——负责所有这些消息的部门，没有一个与其他部门进行协商。

换句话讲，尽管数字化技术在发展，在许多情况下，客户的体验却一直在退化，而如果我们释放生成式预训练转换器（Generative Pre-trained Transformer，GPT）的能量，开始向客户发送垃圾邮件，情况就会变得越来越糟糕。

我们需要欢迎一种不同的方式，这种方式正以手机的形式出现在我们面前。这涉及每一个B2C应用程序已经解决的问题。因为B2C公司没有客户成功经理，它们想出了一些办法，指导尼克如何在没有任何人工帮助的情况下在Spotify网站上体验"霉霉"[1]。他们用数字化手段告诉他，"霉霉"发行了什么新专辑，即将在哪里举行音乐会。

客户成功行业从科幻小说到确切事实

不久之前，技术推动的超级智能将支持我们日常生活的理念，还只存在于科幻小说之中。今天，我们在数字化指引的旅程和虚拟现实中来去自如，就好比在现实世界中来回穿梭那么丝滑。在客户成功的世界，这已经日益成为现实。在这个领域，仿生的客户成功经理正在释放人工智能的强大力量，用更少的投入做更多的事情。

随着客户成功领域逐渐成熟，数字化主导的战略使客户成功团队能够加强与客户的接触，有效拓展运营空间，并且为客户提供更多价值。许多客户成功领导者正在研究，他们的团队把时间花在哪儿了，又有哪些低价

---

1 霉霉是中国粉丝给美国女歌手泰勒·斯威夫特取的昵称。——译者注

值的活动可以通过生成式人工智能来消除或者加速完成。有些客户成功组织已经使用人工智能来做下面这些事情。

- **减少会议准备时间**：客户成功经理耗费大量的时间来为高管准备即将召开的客户会议。如今的人工智能可以轻松完成这些任务。
- **减少客户支持时间**：虽然客户成功并不等同于客户支持，但客户成功经理不可避免地要花时间处理技术问题。人工智能可以用来即时扫描文档和支持案例中的知识库，使客户成功经理能够马上回答客户的问题。
- **简化知识转移**：当客户发生转移时（由于周转、促销等原因），新来的客户成功经理可能要花费更多的时间了解客户的历史。人工智能可以极大地加快这一进程。

随着组织加快客户成功运营，投资于数字化主导的战略将变成基本要求。但数字化的方法要求具有强大的数据分析、自动化能力，以及更多其他方面的能力。这正是人工智能大放异彩的地方。有了人工智能，客户成功经理可以迅速地运用基于丰富数据的洞见，瞄一眼就知道哪些方面运行不好，以及客户在生命周期中的什么地方变得情绪低落。这样一来，客户成功团队便对客户的运营状况了如指掌，不会出现意料之外的情况，并且获得了干预和纠正前进方向的能力。从严格意义上讲，人工智能也许并没有赋予客户成功经理看见未来的能力，但它可以使他们只要简单地看一下运营健康状况记分板，便能预测客户有多大可能续约。

在不久的将来，人工智能将成为客户成功专业人士"武器库"中的"独门暗器"。它将处理、分析大量数据，将重复的任务自动化，并提供实时的深刻见解。它还能把客户成功经理从繁杂的事务性工作中解放出来，使他们能够专注于与客户建立良好的关系，并且进行有关客户成功的高价值互动。

随着人工智能继续改进，其变得更容易管理和配置，你将很快可以这样对人工智能下达命令："我要一份关于所有客户的报告，他们的运营健康得分低于80分，在90天内将续约，最近没有与高管联系。"这一天几乎马上就会到来——Gainsight公司正在使这一天变成可能。

但是，人工智能的进步并不是推动数字化客户成功发展的唯一因素。客户教育领域的创新也是因素之一。事实上，我们相信，将数字化客户教育的解决方案与数字化客户成功、客户体验、社群、客户中枢平台等整合到一起，将被认为是软件即服务行业发展史上的分水岭。客户教育能够将关键学习路径和个性化培训作为你的客户端对端旅程的一部分进行整合，这样就使客户能够使用你的产品，并帮助你进行客户成功管理，从而缩短价值的实现时间。将客户教育的工具与客户中枢结合起来，你便创建了一个单独的目的地，在那里指引客户在正确的时间获得正确的培训，帮助他们与社群中其他成员互动，并使他们能够参加个性化的按需提供的网络研讨会和了解其他内容。

当前的客户教育的地位与10年前的客户成功的地位十分相似，那时候，全世界只有几百名客户成功经理，现在有50万名。由于软件即服务行业的快速发展，需要一个新的部门来监督订阅业务的经常性收入。同样，推动客户教育爆炸式发展的关键因素是软件即服务公司需要扩大边际利润，并进行更加谨慎的财务管理，这意味着，臃肿的客户成功团队正在迅速成为过去的事情。

随着企业领导者和客户成功部门领导者在想办法压缩成本，许多人最终会将客户教育作为解决方案。为什么？因为这是一个业务流程，它可以超越整个客户旅程，从客户开始评估供应商的那一刻开始，便通过续约、扩展和代言等方式对客户产生积极的、可采取行动的影响。

我们相信客户教育正在领导我们通向客户成功行业的一个珍贵的目标——朝着这样的一天发展：客户成功经理不必把时间用在一些基本的但是常规的功能上，而是可以专门花更多的时间来释放个人的创造力，以推动收入增长。

数字化催生更加人性化的体验

企业为让客户使用数字化技术提供了一种非常人性化的体验，这正是为什么你们中的许多人已经以某种方式将客户体验数字化了。数字化客户成功帮助客户成功经理将工作重点从重复的、繁杂的任务转向价值更高的活动。

他们不再为客户提供一对一的培训。不再为客户提供一对一的演示，向他们展示某项新功能。不再需要手动草拟电子邮件，向客户发送发布说明。数字化客户成功使客户成功经理有更多的时间与客户联系。客户成功经理有更多的时间了解每一位客户都想拥有的结果和体验。顺便提一句，数字化客户成功将大大缓解客户成功经理的疲惫感。

另外，你的客户绝对会喜欢数字化客户成功。他们之所以喜欢，是因为我们正在摆脱那种过时的观念，即小客户应当只接受数字化自助服务，大客户则可以享受高感性接触体验。这种观念不仅过时，而且被误导。

我们告诉你一个秘密：有些大客户并不想再召开一场季度业务审查会议。我们知道这乍听起来存在争议，但你的许多大客户绝对喜欢享受更多的数字化体验，只有在必要时才和你面对面交谈。相反，你的一些小客户真正喜欢享受高感性接触体验。

你的投资者和财务总监也喜欢数字化客户成功。想象一下，这些人一边点头微笑，一边十分惬意地想到能够以更低的成本得到更高的净收入留存。有什么理由不爱呢？

10年前，我们引入了这个超级方程式。有些人或许还记得：客户成功 = 客户结果 + 客户体验。客户成功使客户用美好的体验获得所寻求的结果。这个方程式今天依然正确，但我们可以改变它。我们可以通过添加数字化技术，使它变得更好。数字化还将使你的团队更加强大。给客户成功插上数字化的翅膀，你将能够为客户提供完全不同的体验。数字化将使你在和客户面对面交流时、在参加季度业务审查会议时以及在给客户发送电子邮件时，都变得更加高效。数字化还将为你的客户提供更好的体验，无论是在客户中枢、在你的产品之中，还是在其他地方。

早期的客户成功在很大程度上是靠人工的。它们涉及在前进的过程中想出解决问题的方法。数字化技术将使我们成为更好的工匠。它会让我们具备做好人类擅长做的所有事情的能力，同时将令人不那么愉快的、低价值的活动交给电脑去做。

这就是数字化客户成功的前景和现实。它给了我们变得更加人性化的自由。

致谢

本书和每一个已经设计出来的软件即服务的解决方案一样，是共同智慧的产物。它是许多个人、团队和公司合作的产物，这些勤勉的专业人士投入了数千小时来开发、测试、迭代和分享数字化客户成功的战略、战术、用例、行动举措和知识，你将在本书中找到所有这些。我们对他们取得的巨大成就深表感激，也感到高兴。

特别感谢奥克塔公司客户成功运营高级经理梅丽莎·艾伦（Melissa Allen）和Qualtrics公司全球数字化与扩展成功部门的主管卡里·阿尔达兰（Kari Ardalan），他们在百忙之中抽出时间和我们畅谈他们开创性的数字化行动举措。

还要特别感谢Gainsight公司的其他客户，他们允许我们分享他们的故事、高见和建议。他们是Alteryx、Dealerware、Docebo、Drift、Gitlab、Gong、Popmenu、Shiji ReviewPro、Samsara和Unqork等公司的高管。

Gainsight公司的领导者及他们的团队也做出了众多的贡献，对我们来说同样重要。如果没有Gainsight公司过去和现在的员工（我们亲切地称他们为Gainster）的贡献，本书不可能完成。这些亲爱的Gainster是：

- 卡尔·鲁梅尔哈特（Karl Rumelhart）
- 泰勒·麦克纳利（Tyler McNally）
- 尤里斯·迪本（Joris Dieben）
- 哈尔什塔·班卡（Harshita Banka）

- 马修·韦斯利（Matthew Wasley）
- 赛斯·威利（Seth Wylie）
- 莱恩·霍尔特（Lane Holt）
- 托里·杰夫考特（Tori Jeffcoat）
- 阿尔蒂·拉亚普拉（Aarthi Rayapura）

本书是他们的成就，也是我们的结晶。

最后，我们要感谢Gainsight公司的内容与设计团队以及自由撰稿人彼得·杰拉尔多（Peter Gerardo），他们帮助我们将大量的研究数据和访谈内容打磨成精雕细琢的手稿。

术语表

序号	英文	译文	缩写
1	Adoption	采用	
2	Annual Recurring Revenue	年度经常性收入	ARR
3	Application Programming Interface	应用程序接口	API
4	Artificial Intelligence	人工智能	AI
5	Bandwidth	带宽	
6	Best Practice	最佳实践	
7	Business-to-Business	企业对企业	B2B
8	Business-to-Consumer	企业对客户	B2C
9	Call to Action	行动号召	CTA
10	Chief Customer Officer	首席客户官	CCO
11	Chief Marketing Officer	首席营销官	CMO
12	Chief Operating Officer	首席运营官	COO
13	Cross-sell	交叉销售	
14	Customer Acquisition Costs	客户获取成本	CSP
15	Customer Education	客户教育	CE
16	Customer Effort Score	客户费力度得分	CES
17	Customer Experience	客户体验	CX
18	Customer Outcomes	客户结果	CO
19	Customer Satisfaction	客户满意度	CSAT
20	Customer Success	客户成功	CS
21	Customer Success Management	客户成功管理	
22	Customer Success Manager	客户成功经理	CSM
23	Customer Success Platform	客户成功平台	SLA
24	Customer Success Qualified Leads	客户成功合格线索	CSQL
25	Dashboard	仪表板	
26	Deployment	配置	

续表

序号	英文	译文	缩写
27	Digital Customer Success	数字化客户成功	
28	Electric Business Relationship	电子商务关系	EBR
29	Engagement	互动	
30	Feature-discovery Algorithm	特征发现算法	
31	Frequently Asked Questions	常见问题	FAQ
32	Full-Time Equivalent	全时当量	FTE
33	Gate Review	关口评审	
34	Generative Artificial Intelligence	生成式人工智能	GAI
35	Generative Pre-trained Transformer	生成式预训练转换器	GPT
36	Go-to-Market	市场进入	GTM
37	Gross Revenue Retention	总收入留存率	GRR
38	Growth Index	增长指数	
39	Hands-on Support	实践支持	
40	High-touch	高感性接触	
41	HTML	超文本标记语言	
42	Intelligent Journey Orchestration	智能旅程编排	
43	Interactive Voice Response	交互式语音应答	IVR
44	Journey Orchestrator	旅程编排器	JO
45	Key Performance Indicator	关键业绩指标	KPI
46	Leading Indicator	领先指标	
47	Learning Management System	学习管理系统	LMS
48	Light Users	轻度用户	
49	Long Tail	长尾	
50	Machine-learning Technique	机器学习技术	
51	Mergers and Acquisitions	合并与收购	M&A
52	Milestone	里程碑	
53	Monthly Active Customer	月度活跃客户	MAC
54	Monthly Active User	月度活跃用户	MAU
55	Net Promoter Score	净推荐值	NPS
56	Net Revenue Retention	净收入留存率	NRR
57	Network Video Recorder	网络视频录像机	NVR
58	Objective, Goals, Strategies, and Measures	目的、目标、策略与衡量	OGSM
59	Objectives and Key Results	目的和关键结果	OKR
60	Omnichannel	全渠道	

续表

序号	英文	译文	缩写
61	Onboarding	客户引领/引领	
62	Personas	人物角色	
63	Product Qualified Leads	产品合格线索	PQL
64	Product-Led Growth	产品主导增长	PLG
65	Quarterly Business Review	季度业务审查	QBR
66	Questions & Answers	常见问题答疑	Q&A
67	Race to Bottom	逐底竞争	
68	Release Note	发布说明	
69	Renew/Renewal	续约	
70	Return on Investment	投资回报	ROI
71	Roadmap	路线图	
72	Runaway Accretion	失控的吸积	
73	Scope Creep	范围蔓延	
74	Service Level Agreement	服务等级协议	
75	Software-as-a-Service	软件即服务	SaaS
76	Stickiness	黏性	
77	Strawman Argument	稻草人谬误	
78	Subject Matter Expert	主题专家	SME
79	Subscription	订阅	
80	Tech Stack	技术栈	
81	Tech-touch	高科技接触	
82	Time-to-value	价值实现时间	
83	Total Addressable Market	总可寻址市场	TAM
84	Touchpoint	接触点	
85	Twilight Zone	迷离境界	
86	Upsell	向上销售	
87	Use Case	用例	
88	User Interface	用户界面	UI
89	Word-of-Mouth Marketing	口碑营销	

反侵权盗版声明

电子工业出版社依法对本作品享有专有出版权。任何未经权利人书面许可，复制、销售或通过信息网络传播本作品的行为；歪曲、篡改、剽窃本作品的行为，均违反《中华人民共和国著作权法》，其行为人应承担相应的民事责任和行政责任，构成犯罪的，将被依法追究刑事责任。

为了维护市场秩序，保护权利人的合法权益，我社将依法查处和打击侵权盗版的单位和个人。欢迎社会各界人士积极举报侵权盗版行为，本社将奖励举报有功人员，并保证举报人的信息不被泄露。

举报电话：（010）88254396；（010）88258888
传　　真：（010）88254397
E-mail：　dbqq@phei.com.cn
通信地址：北京市万寿路173信箱
　　　　　电子工业出版社总编办公室
邮　　编：100036